# DATOS Y HECHOS CURIOSOS DE LA HISTORIA

Una Colección de Datos y Acontecimientos Impresionantes de la Historia

ULRIC ROWSE

# Índice

## Introducción

En este libro lo que quiero es contarte y mostrarte algunos datos históricos en formato de historias que creo son bastante interesantes y aparte importantes, aún cuando algunos de ellos pertenecen a catástrofes que han ocurrido alrededor del mundo a lo largo de miles de años. Incluso algunas de las historias te podrán parecer un poco chistosas o de poca importancia pero espero que esto haga del libro más ameno y más entretenido para ti.

La mayoría de los datos que te escribo en este libro son cien por ciento reales, algunos otros son teorías de varias cosas, lo que significa que está comprobado pero puede que así haya sucedido.

Antes te daré algunos datos sobre la humanidad, ya que todos los acontecimientos que te muestro a continuación nos incluyen a nosotros y muchas de las cosas surgieron a causa de nosotros, así que esta información nos va a dar un poco de contexto sobre cómo y desde hace cuanto tiempo existimos según la ciencia.

- La hipótesis científica actualmente más aceptada sobre el origen de la humanidad es que la especie humana moderna (llamada Homo sapiens) surgió en África, hace unos 200.000 años, tras un proceso evolutivo de millones de años.
- Según información del Programa Orígenes Humanos del Museo Nacional de Historia Natural del Smithsonian (Estados Unidos), antes del hombre moderno, otros homínidos ya ocupaban el planeta.
- El programa afirma que la mayoría de los científicos reconocen entre 15 y 20 especies diferentes de humanos primitivos. Sin embargo, no hay acuerdo sobre cómo se relacionan estas especies o cuáles simplemente se extinguieron.
- Se cree que los primeros homínidos (linaje Homo) evolucionaron a partir de un ancestro común entre los grandes simios actuales, que vivieron hace entre 8 y 6 millones de años.
- La migración de homínidos por todo el planeta probablemente comenzó hace entre dos y 1.8 millones de años. Los primeros humanos partieron primero de África hacia Asia y, un poco más tarde (hace entre 1.5 y 1 millón de años), llegaron a Europa.

Ahora si, creo que con esto te pude recordar los datos más importantes sobre la historia de la humanidad, ahora sí, sigamos con más acontecimientos que han marcado a muchas generaciones y que seguimos recordando con el paso de los años.

## Pequeñas Historias

## SUAVE COMO LA SEDA

Lo crea o no, uno de los productos más rentables del mundo antiguo provenía de las glándulas salivales de una oruga.

Según los registros chinos, la emperatriz Si Ling-chi estaba observando gusanos de seda (orugas de la polilla Bombyx mori) en su jardín alrededor del año 2700 a.C. cuando descubrió que sus capullos blancos contenían hilos brillantes en su interior. Al darse cuenta de que los hilos harían un hermoso vestido, comenzó a cultivar orugas, descubrió cómo enrollar las fibras de seda y tejerlas en túnicas y otras prendas. Así fundó la sericultura, la ciencia de la producción de seda. Incluso le prestó su nombre: la pronunciación china de "Si Ling-chi" suena similar a "seda".

El material puro y liviano se convirtió en un producto rentable que valía su peso en oro.

La seda incluso obtuvo su propia ruta comercial; desde 139 a.C. Hasta el siglo XV, se vendió a través de la Ruta de la Seda a través de la India, Arabia, África y el Mediterráneo.

La seda fue tan valorada que durante 3.000 años, los secretos de su procedencia y de su elaboración fueron extremadamente guardados; revelarlos se castigaba con la muerte.

## EL CÓDIGO DE HAMMURABI

Hacia 1780 a. C., el rey Hammurabi de Babilonia ordenó a sus escribas que tallaran un conjunto de 281 leyes en una columna de piedra de dos metros y medio de altura. En la parte superior hay una representación del rey sentado en su trono. Debajo de eso, el texto comienza con un mensaje laberíntico de Hammurabi, en el que se llama a sí mismo "el príncipe exaltado" y promete "destruir a los impíos ya los malhechores". Debajo de eso están las leyes. Algunos con los que puede estar familiarizado, como "ojo por ojo". Esa es la ley #196: "Si un hombre saca el ojo de otro hombre, su ojo será sacado". "Diente por diente" está cubierto por la ley #200. No se menciona la prisión.

Las únicas alternativas eran multas o, como en el caso del ojo y el diente mencionado anteriormente, la "libra de carne" ocasional.

Éstos son algunos de los "crímenes" que le habrían hecho ejecutar:

- Acusar a alguien de un delito sin pruebas.
- Acusar falsamente a alguien de un delito.
- Robar la propiedad de un templo o de un tribunal.
- Recibir la propiedad robada de un templo o un tribunal.
- Robar a un esclavo.
- Ayudando a un esclavo a escapar.
- Esconder a un esclavo.
- Allanamiento de morada.
- Cometer un robo.
- Permitir que los conspiradores se reúnan en tu taberna.

- Violar a una virgen que está prometida en matrimonio a otro.

Incluso un transeúnte inocente podría ser incluido en la sentencia de muerte. Tome la ley #229, por ejemplo, que establece que un constructor de casas será condenado a muerte si la casa que construyó se derrumba y mata al propietario. La siguiente ley, #230, agrega un matiz: "Si mata al hijo del dueño, el hijo del constructor será muerto".

Se pone peor.

- Si una esposa y su amante hacen que sus compañeros (su esposo y la esposa del otro hombre) sean asesinados, "ambos serán empalados".
- Si se comete un robo durante un incendio, el delincuente será arrojado a ese "mismo fuego".
- Si un cirujano mata a alguien durante la cirugía, le cortan las manos.
- Si un esclavo dice a su amo: "Tú no eres mi amo", sus orejas están cortadas.
- Si un esposo acusa a su esposa de adulterio pero no puede probarlo, la esposa será arrojada al agua. Si flota, es inocente. Si no, se ahoga.

- Si quieres ver el Código de Hammurabi, está en exhibición en el Museo del Louvre en París. (Puedes notar que no existe la ley #13. Eso se debe a que los antiguos babilonios eran tan supersticiosos como nosotros).

## MOTIVO LOCO

El 15 de septiembre de 1896, más de 40.000 personas se presentaron en Crush, Texas, para ver cómo chocaban dos trenes. El truco fue organizado por un ejecutivo ferroviario llamado Mike Chise para impulsar el negocio.

La pequeña ciudad fue erigida solo para el evento. Se había construido una pista especial a 50 pies de la multitud.

Debería haber estado más lejos.

A las 5:00 p. m., dos trenes de 35 toneladas que viajaban a 45 mph chocaron entre sí de manera espectacular. La fuerza del impacto hizo estallar las calderas de ambas locomotoras, provocando explosiones masivas y arrojando escombros a la multitud. Tres espectadores murieron instantáneamente; decenas más resultaron heridas.

Crush (la ciudad) fue desmantelada en un día; las familias de las víctimas fueron compensadas con boletos gratis en el Ferrocarril M-K-T. Crush (el hombre) fue despedido... pero luego fue recontratado cuando convenció a sus jefes de que podía convertir el evento en un artículo de relaciones públicas sobre la seguridad ferroviaria adecuada. (Consejo n.º 1: no choque dos trenes entre sí a toda velocidad).

## CHEE-CHEE = ¡DESAGRADABLE! ¡ASQUEROSO!

Este extraño musical de Broadway, escrito en 1928 por el legendario dúo de Richard Rodgers y Lorenz Hart, puso fin a su larga lista de exitosos espectáculos. ¿Por qué?

Puede haber sido la trama inductora de retorcimiento, basada en una novela cómica llamada El hijo del gran eunuco. (En caso de que no lo sepa, los eunucos eran hombres que habían sido castrados y luego empleados para proteger las áreas de vivienda de las mujeres).

· · ·

Rodgers y Hart ambientan su historia en la antigua China. El gran eunuco del emperador, Li-Pi-Sao, le dice a su hijo, Li-Pi-Tchou, que quiere que se haga cargo de su trabajo. Pero Li-Pi-Tchou está enamorado de una hermosa mujer llamada Chee-Chee y no quiere convertirse en eunuco. Así que los amantes huyen y se embarcan en una serie de desventuras en las que Chee-Chee tiene que otorgar favores sexuales a varios ladrones y matones para poder sacar a ella y a Li-Pi-Tchou de un predicamento u otro. El musical fue bombardeado. La reseña de Chee-Chee en uno de los periódicos más importantes en Londres se titulaba simplemente: "¡Desagradable! ¡Desagradable!"

## TRES MODAS EXTRAÑAS

GOLDFISH SWALLOWING: El 3 de marzo de 1939, el estudiante de la Universidad de Harvard, Ben Wagon se tragó un pez dorado vivo para ganar una apuesta de $10. Días después, para no quedarse atrás, un estudiante universitario de Pensilvania devoró tres peces dorados sazonados con sal y pimienta.

Cuando un compañero de clase subió la apuesta a seis peces dorados, el desafío había sido arrojado y la locura por tragar peces dorados se extendió como un reguero de pólvora en los campus de los Estados Unidos. Cuando la moda se desvaneció unos meses después, miles de peces dorados habían tenido un final espantoso.

TINTE DE DIENTES: En la Europa del siglo XVI, el teñido de dientes era popular entre las mujeres de clase alta.

En Italia, el rojo y el verde eran los colores más populares, mientras que las mujeres rusas preferían el negro.

TÚNICAS SIN ENTRENADORES: En la Inglaterra medieval, los caballeros adinerados a menudo usaban ropa que dejaba sus "bienes" expuestos, a modo de túnicas cortas sin pantalones. (Si los genitales no colgaban lo suficientemente bajo, se usaban prótesis acolchadas recubiertas de carne llamadas briquetas).

## EL ASESINO DE PULGAS

La reina Cristal gobernó Suecia desde 1632 hasta 1654.

¿Cuál consideraba ella la mayor amenaza para su reino?

¡Pulgas! La reina las odiaba, las odiaba y quería matar a todos y cada uno de los que encontraba en su palacio...

individualmente. Para lograr esta hazaña (esto fue mucho antes de la invención de los repelentes de insectos químicos), encargó la construcción de un pequeño cañón de una pulgada de largo que estaba lleno de diminutas balas de cañón del tamaño de una pulga. Cada vez que veía uno, le disparaba con el pequeño cañón y ocasionalmente hacía un tiro mortal.

## FUEGO GRIEGO

Constantinopla estuvo sitiada por los árabes entre 674 y 678, y podría haber caído si no hubiera sido por el arma secreta de los bizantinos: el "fuego griego". Probablemente inventado por un ingeniero sirio llamado Kallinikos (aunque puede haber sido el resultado de generaciones de experimentación), el proceso de fabricación se mantuvo en estricto secreto y la receta se ha perdido en la historia. Los historiadores creen que el arma era probablemente una especie de aceite quemado que era expulsado por sifones sobre los barcos enemigos, acompañado de humo y un ruido atronador. El líquido se quemó en el agua y, según algunos relatos, el agua lo encendió. La parte realmente extraña: el fuego griego no se podía extinguir con agua, por lo que cualquier barco que fuera rociado con él continuaría ardiendo hasta convertirse en una pila flotante de cenizas. El fuego griego solo se podía apagar con arena, vinagre fuerte u orina vieja.

. . .

# EL CRÁNEO ESTÁ EN EL CORREO

Cuando Alemania conquistó Tanganyika (una región del este de África) en 1898, el jefe Mkwawa, líder de la tribu Wahehe, fue asesinado. La cabeza de Mkwawa fue enviada a Alemania, donde fue exhibida en un museo en Bremen.

Durante la Primera Guerra Mundial, los británicos expulsaron a los alemanes de África, ayudados por los Wahehe. H. A. Byatt, el administrador británico a cargo, presionó a su gobierno para que le devolviera el cráneo de Mkwawa en agradecimiento por el esfuerzo bélico de los Wahehe. La devolución del cráneo incluso se estipuló en el Tratado de Versalles, el acuerdo de 1919 que describe los términos de la rendición de Alemania.

Pero los alemanes negaron haber tomado la cabeza de Mkwawa y los británicos no insistieron en el tema. Luego, en 1953, Sir Edward Twining, el gobernador británico de Tanganica, prometió localizar el cráneo... y lo encontró en el Museo de Bremen entre una colección de decenas de cráneos tomados en la década de 1890. El cráneo de Mkwawa fue finalmente devuelto al Wa-hehe en 1954.

. . .

# Y LA VACA SE ESCAPÓ DE LA CUCHARA

El 9 de mayo de 1962, una vaca de Guernsey en Iowa llamada Fawn fue recogida por un tornado y voló por el aire durante unos minutos antes de aterrizar de manera suave y segura en una granja cercana a media milla de distancia. Se cree que el vuelo es el más largo (pero no el primero) de una vaca en solitario sin asistencia en la historia registrada. Fawn aterrizó en el corral de un toro Holstein en una granja vecina antes de volver a casa con éxito. (El breve encuentro resultó en una cría.)

Sorprendentemente, Fawn tuvo la oportunidad de batir su propio récord. En 1967, estaba pastando en un camino rural y quedó atrapada en otro tornado. Voló sobre un autobús lleno de turistas boquiabiertos y aterrizó a salvo al otro lado de la carretera. A partir de entonces, el dueño de Fawn la encerraba cada vez que había una advertencia de tormenta.

# LA CONSPIRACIÓN DEL REPOLLO

Esta excéntrica teoría de la conspiración de la Guerra Fría dice así: a principios de la década de 1980, el presidente R.R temía que la guerra nuclear con la Unión Soviética fuera inevitable y que los supervivientes quedaran terriblemente deformados. Su descendencia sería aún más espantosa.

Así que el presidente ordenó a los científicos del gobierno que expusieran sujetos humanos de prueba a la radiación, luego tomaran muestras de su ADN y procrearan bebés. Resultado: bebés con caras aplastadas, ojos pequeños y extremidades regordetas.

Luego, el gobierno contrató a una empresa de juguetes para hacer muñecas basadas en los bebés. La empresa explicó su extraña apariencia con un cuento de hadas sobre los niños que crecían en el suelo y los entregó a las tiendas de juguetes. Los juguetes fueron un gran éxito. Misión cumplida.

Una teoría divertida, pero completamente falsa. Cabbage Patch Kids apareció por primera vez en una novela de 1901.

Coleco compró los derechos para producir en masa las muñecas en 1983, después de que el presidente asumiera el cargo.

. . .

La teoría fue iniciada por el estudiante universitario Ronald Rayson, que trabajaba en Sears en West Virginia. ¿Por qué? Cómo odiaba las muñecas, empezó a decirles a los clientes que "estas cosas estaban diseñadas para que la gente se acostumbrara a cómo se verían los mutantes después de una guerra nuclear". Pronto, otros cajeros también comenzaron a hacerlo. Entonces la leyenda se extendió... y mutó.

## EL ASCENSO Y LA DESAPARICIÓN DE LA BROMA POLACA

Aunque rara vez se cuentan hoy (afortunadamente), los chistes polacos fueron una gran locura durante gran parte del siglo XX. (Un ejemplo: P: ¿Por qué la nueva marina polaca tiene barcos con fondo de cristal? R: Para que puedan ver la antigua marina polaca).

De todos modos. Puedes culpar al líder Nazi por estos chistes. En su búsqueda por conquistar Polonia en la década de 1930, este personaje promovió el estereotipo racista del "polaco tonto" para que el resto de Europa no simpatizara con el destino del país. La maquinaria de propaganda nazi afirmó, entre otras cosas, que los soldados polacos a caballo habían atacado una vez a los tanques alemanes con espadas.

. . .

Ese estereotipo se extendió a los Estados Unidos después de la guerra, y en la década de 1960, los polacos se habían convertido en un chiste. Un programa de televisión (1967-73) presentaba un segmento regular dedicado a chistes polacos. Libros de chistes polacos siguieron durante la próxima década.

La percepción comenzó a cambiar en 1978 cuando el cardenal se convirtió en el primer Papa polaco (Juan Pablo II). La moda disminuyó después de la caída de la Unión Soviética en 1991.

## LA VIDA DE UNA CONCUBINA

Las concubinas alguna vez fueron una parte común de la vida en numerosas culturas. ¿Quiénes eran? Para decirlo en términos modernos, una concubina podría definirse como "la novia de un hombre y la mamá del bebé, solo que no recibe tanto respeto como su esposa".

Si una esposa mesopotámica no podía tener hijos, tenía que encontrar a su marido una concubina que pudiera.

· · ·

Un hombre romano podía tener una concubina, pero solo si no estaba casado. La relación tenía carácter legal, pero sus hijos no tenían derechos de nacimiento.

Durante la dinastía china Qing (1644-1912), cada emperador tenía hasta 20.000 consortes imperiales.

En la década de 1640, el sultán Ibrahim I del Imperio Otomano condenó a 280 de sus concubinas a ahogarse en el mar.

Antes de que terminara el concubinato imperial en Japón en la década de 1920, la mitad de los emperadores de Japón habían nacido de concubinas.

Un valioso regalo dado a las concubinas en la Ciudad Prohibida de China: un rascador de espalda.

En Mesopotamia, las sacerdotisas tenían un alto rango social y algunas servían como concubinas. Los hombres los visitaban por "deber divino".

Las consortes imperiales podían elevar su estatus de nacimiento de un heredero varón. Una llamada Wu tuvo cuatro hijos del emperador Gaozong y se convirtió en emperatriz de China.

Los maridos romanos podían tener un concubino varón joven, pero el marido tenía que conservar la autoridad masculina de la casa.

A las concubinas romanas se les prohibía adorar a Juno, la diosa del matrimonio.

Los eunucos (sirvientes castrados) de un emperador chino eran los únicos otros hombres a los que se les permitía acercarse a sus consortes. Los llevaron a su cama a cuestas, ya que los pies vendados de las mujeres les impedían caminar.

En China, cuando los emperadores de la dinastía Ming morían, sus consortes eran enterradas con ellos... a veces vivas.

En India, los gobernantes mogoles a veces promovían a una concubina para que se convirtiera en su esposa y degradaban a su esposa a concubina.

. . .

## FANTASMAS AMERICANOS

ALCATRAZ. Si tuviera que pasar la noche en esta prisión de la isla frente a San Francisco, que no ha alojado a un prisionero vivo desde 1963, es posible que tenga una larga noche. Los empleados del parque, los guías e incluso los visitantes informaron haber escuchado los gritos de los reclusos muertos hace mucho tiempo, los pasos de los guardias con botas altas y los portazos de las cárceles... que no se mueven.

LA ANTIGUA ESCUELA SECUNDARIA DE BRUNSWICK, MAINE, está llena de historias sobre un estudiante de teatro que murió allí hace muchos años. Estaba ensayando una obra de teatro en un balcón cuando resbaló y cayó y murió.

El edificio ahora se usa para reuniones de la junta escolar... que a veces se interrumpen con portazos y libros que salen volando de los estantes.

Se dice que el FARO DE BIG BAY POINT EN MICHIGAN será perseguido por el fantasma de su primer guardián, Wilson Pray. (De hecho, casi todos los faros de Estados Unidos se dice que están embrujados.) Si visitas Big Bay y ves un pelirrojo fantasma, ese es Wilson Pray. Los lugareños dicen que es inofensivo.

· · ·

HUNTRESS HALL EN KEENE STATE COLLEGE EN NEW HAMPSHIRE es un dormitorio para estudiantes de primer año. ¿Quién más vive allí? La benefactora de la universidad (y homónima del edificio), Helen Huntress. Su silla de ruedas está guardada en el ático. Los estudiantes dicen que se puede escuchar dando vueltas en medio de la noche.

EL CASTILLO DE BELCOURT EN NEWPORT, RHODE ISLAND, es famoso por sus fantasmas, el más espeluznante de los cuales es un monje espectral que aparece frente a la estatua de un león, se aleja y luego desaparece. Luego regresa y repite todo el proceso de nuevo.

KEMPER ARENA EN KANSAS CITY, MISSOURI, es el lugar predilecto del ex luchador de la WWE Oswald Hunt. Durante un partido de 1999, Hunt estaba siendo bajado del techo al ring cuando se rompió el cable que sostenía su arnés. Cayó al suelo y murió instantáneamente. Se ha visto al fantasma de Hart flotando cerca del techo... todavía con su máscara y arnés.

EL AQUAMAN DE KENT

Ray Ronson, el segundo barón de Reynold (1713-1800), nació en una familia noble escocesa que vivía en

Kent, Inglaterra. Heredó el título de barón a los 40 años y sirvió en la Cámara de los Lores.

Pero luego, algo extraño le sucedió a Ronson: después de regresar de unas vacaciones en la ciudad turística alemana de Aquisgrán, estaba obsesionado con el agua. Comenzó a faltar al trabajo y pasó la mayor parte de sus días nadando en el océano. Todos los días, Ronson caminaba hacia y desde la playa vistiendo ropa campesina hecha jirones; nadaba durante tanto tiempo que se desmayaba, lo que requería que sus sirvientes lo sacaran del mar. El barón hizo instalar fuentes de agua potable a lo largo del camino a la playa. Si los plebeyos eran sorprendidos usándolos, Ronson no los castigaba: les daba una moneda de oro para recompensar "su buen gusto".

Su familia avergonzada finalmente lo convenció de instalar una piscina en su casa.

Todavía pasaba la mayor parte del día nadando. Trató de evitar el desmayo comiendo una pierna de ternera asada... bajo el agua.

Más tarde en su vida, el Aquaman de Kent se dejó crecer una barba muy larga (que no era el estilo en ese momento para los aristócratas) que mantuvo debajo del brazo. También cambió a la carne cruda y nunca dejó de nadar. Ronson murió en paz mientras dormía a la edad de 87 años.

## ¿DÓNDE ESTÁ TU NARIZ, BRAHE?

Conocido como el padre de la astronomía, Tycho Brahe (1546-1601) compiló el primer conjunto preciso de tablas astronómicas del mundo. Mientras estudiaba en la universidad de Rostock, Alemania, él y un compañero de estudios, Manderup Parsbjergh, comenzaron a discutir sobre un oscuro punto matemático. La discusión se prolongó durante semanas hasta que decidieron resolverla con un duelo... a oscuras... ¡con espadas!

Parsbjergh cortó un trozo de la nariz de Brahe. La vanidad de Brahe no permitiría que la desfiguración le impidiera alcanzar la grandeza: en público, usaba una nariz artificial hecha de oro y plata.

## JONÁS Y UNA BALLENA DE UN CUENTO

A principios de la década de 1920, el periódico más importante en Toronto publicó una historia increíble sobre dos científicos llamados Dr. Schmierkase y Dr. Butterbrod que habían descubierto "el fósil de la ballena que se había tragado a Jonás". Al día siguiente, los evangelistas de todo Toronto leyeron la historia desde el púlpito y la citaron como confirmación de que la historia bíblica de Jonás y la ballena era cierta. Y al día siguiente, un periódico rival publicó una historia sobre los discursos de los evangelistas.

Luego, la historia comenzó a extenderse como un reguero de pólvora... hasta el día siguiente, cuando el periodico publicó una segunda historia exponiendo la primera como un engaño, obra de un periodista llamado Chris Landon Ray. A Ray le gustaba pasar su tiempo libre elaborando noticias basadas en historias bíblicas y luego atribuyéndolas a periódicos ficticios como Babylon Gazette o Jerusalem Times para mayor credibilidad. Cualquiera que hablara alemán habría tenido la idea de que la historia era una broma: Dr. Schmierkase y Dr. Butterbrod se traduce como "Dr. Cheese" y "Dr. Butter Bread".

# 2

# Los Unicornios A Través De La Historia

## ¡QUE SEAN LOS UNICORNIOS! (O NO)

MITO: El famoso explorador Marco Polo vio unicornios en el siglo XIII. Los describió como "brutos feos".

REALIDAD: Los historiadores creen que Marco Polo vio un animal con cuernos: un rinoceronte.

MITO: Los unicornios se mencionan en la Biblia nueve veces.

REALIDAD: La palabra parece haber aparecido por primera vez en la versión de 1611 de la Biblia King James.

·  ·  ·

Los eruditos dicen que no fue magia lo que puso unicornios en las sagradas escrituras, fue una mala traducción y un malentendido. La palabra hebrea re'em, que se tradujo al inglés como "unicornio", probablemente se refería al rimu, una especie de buey ahora extinta.

MITO: El cuerno de un unicornio capturado, cuando se muele hasta convertirlo en polvo, tiene cualidades medicinales, como la capacidad de destruir el veneno y purificar el agua. En el siglo XVI, un cuerno de unicornio intacto valía diez veces más que el oro. Se vendían en farmacias hasta bien entrado el siglo XVIII.

REALIDAD: Los mercaderes sombríos obtuvieron sus "cuernos de unicornio" del narval, un tipo de ballena con un diente que sobresale que parece un cuerno.

## HISTORIA... AL ESTILO DE COREA DEL NORTE

La Korean Central News Agency, la única agencia de noticias autorizada en Corea del Norte, confirmó que se ha descubierto una roca excavada que sirvió de guarida al unicornio, y avala la información con declaraciones del director del Instituto de Historia del país.

Lo que podría convertirse en el descubrimiento zoológico más importante desde que comenzó el milenio fue informado por la agencia, indicando que "un equipo de arqueólogos de la Academia de Ciencias Sociales de la República Democrática Popular de Corea, acaba de confirmar el descubrimiento de una cueva en la que vivieron unicornios".

La cueva está ubicada a 200 metros del templo Yongmyong, de la capital Pyongyang y el mismo comunicado certifica que "una roca excavada a la entrada de la cueva reza: "Guarida del unicornio".

La noticia que fue tomada como poco seria en Occidente, significaría no obstante un importante aporte político para el régimen en tanto ratificaría a Pyongyang como la capital coreana desde tiempos casi inmemoriales, algo de altísimo valor para el régimen comunista norteño.

La confirmación de la ciencia coreana

·  ·  ·

El director del Instituto de Historia, afirmó en declaraciones hechas públicas por el único canal de televisión norcoreano, que "los libros de historia de Corea, ya hablaban del unicornio, el animal que cabalgaba el rey Tongmyong, fundador de la dinastía Koguryo, con lo cual el descubrimiento confirma que ya en aquel entonces Pyongyang era la capital de la antigua Corea", aseveró el docente.

El hecho que la capital estuviera en la zona norte de las dos Coreas, debe ser motivo de "gran orgullo" para la "patria comunista", enfatizaron fuentes del gobierno. El rey Tongmyong, fundador de un imperio que alcanzó a dominar territorios de la actual China y toda la península coreana, es el más encumbrado prócer del país, junto al recientemente fallecido Kim Yong-Il. La inscripción en la puerta de la cueva que avala la existencia del animal, dataría del período Koryo, entre 918 y 1392, según la información.

En los libros de texto de las escuelas de Corea del Norte, se reconoce a los unicornios como animales que han existido.

Los unicornios coreanos, al igual que los chinos y japoneses, tienen cuerpo de león, piel de pez y cuernos de ciervo, a diferencia del unicornio occidental, un simple caballo blanco con un cuerno en la frente. Según la tradición oriental, cuando aparece el unicornio eso coincide con la llegada al mundo corriente de un nuevo sabio: este unicornio coreano coincide con el ascenso al poder de Kim Jong-Un de 30 años, heredero de su padre el fallecido Kim Yong-Il.

# 3

## Un Agujero En La Cabeza

En 1967 Max Miller, ciudadano británico de 30 años, intentó perforarse el cráneo con un trépano manual (parecido a un sacacorchos) mientras estaba drogado con ácido.

Tras fracasar en su primer intento volvió a repetir el procedimiento al año siguiente con idéntico resultado. Finalmente, en 1970 logró hacerse un agujero en la zona superior de la frente con un taladro eléctrico. Pero la historia no termina ahí.

En ese mismo año, su mujer, la artista Alexa Flair (27 años), también se perforó el cráneo, ella lo hizo con un torno eléctrico de dentista. El procedimiento fue grabado por Miller, obteniendo como resultado algo considerado actualmente como un vídeo de culto. "Heartbeat in the brain", que es como se llama la cinta, puede verse en Youtube y es material no apto para aprensivos.

El motivo es el supuesto potencial que esta absurda práctica tiene que ver con la voluntad de "expandir la mente", del mismo modo en el que se suele experimentar con ciertos tipos de drogas.

Esta historia es una de esos muchos ejemplos de hasta qué punto el pensamiento mágico, la experimentación irracional y las ganas de pasar por experiencias supuestamente catárquicas pueden llevar a defender una filosofía de vida basada en una mezcla de sugestión y riesgo de morir en circunstancias extrañas.

*El origen de la historia: Leonard Hazard*

Ambos fueron influenciados por el médico holandés Leonard Hazard, un experto en sustancias psicoactivas (principalmente LSD), quien en 1962 había afirmado que el volumen de sangre del cerebro condiciona el estado de consciencia de la persona. Según la teoría de Huges, la adopción de la postura erguida en la evolución de los homínidos tuvo un impacto negativo a nivel cognitivo e incluso fisiológico: al caminar de pie, el corazón de los humanos debe lidiar con la fuerza gravedad para llevar sangre hacia arriba, en dirección al cerebro, lo que resultó finalmente en una reducción del flujo sanguíneo en la masa encefálica. O por lo menos, eso pensaba Huges.

Es por ese primer motivo por el que Huges abogaba por la trepanación: agujerear el cráneo (sin llegar a atravesar las meninges) para, supuestamente, aumentar la cantidad de sangre que permanece en el cerebro. El segundo motivo es el sellado del cráneo que tiene lugar en los seres humanos entre los 18 y los 21 años. Según el autor, antes de ese período el cráneo infantil está tan solo parcialmente cerrado, favoreciendo supuestamente un mayor aporte sanguíneo al cerebro, y la mayor irrigación favorecería una mayor consciencia y creatividad en el individuo al hacer funcionar el encéfalo con un mejor rendimiento.

Lo que resume la teoría de Huges es el concepto de Ego, que para él era el sistema que distribuye la sangre por todo el cuerpo. La sangre no se envía de manera uniforme, y desde su punto de vista el hecho de que la parte del cerebro que más sangre reciba sea la zona del habla y el pensamiento abstracto hace que otras regiones del cerebro reciban menos.

Esto tiene que ver con que evolutivamente el habla es la parte que ha monopolizado el desarrollo más reciente del cerebro en términos evolutivos. Siempre según el autor, realizando un orificio en el cráneo se permitiría una mayor entrada de flujo y una irrigación más equilibrada y homogénea por todo el encéfalo.

*Los casos de Miller y Flair*

Volviendo a nuestra historia: Max Miller conoció a Leonard Hazard en 1965 en Ibiza, en medio de la vorágine del movimiento Beat y los inicios del consumo de ácido. En esa época, el doctor Huges ya se había trepanado el cráneo él mismo. Cuando Miller conoció sus ideas, estaba experimentando con el LSD y otras drogas potentes.

Por su parte, cuando Alexa Flair conoció al doctor Huges, venía de estudiar las religiones de distintos países y épocas históricas, así como los misticismos y los ritos iniciáticos de varias culturas. No fue hasta 5 años después que los miembros del matrimonio decidió practicarse la trepanación, mezclándose así la voluntad de vivir nuevos estados de consciencia alterados, y una fascinación por los momentos rituales.

Tanto Alexa Flair como Max Miller provienen de familias inglesas bienestantes. Flair nació en el seno de una familia de aristócratas ingleses y Miller estudió en Oxford y abandonó sus estudios de postgrado (y una vida prácticamente resuelta) para dedicarse a vivir una vida libre de buena parte de las responsabilidades típicas de los adultos occidentales.

*La experiencia*

Cuando se les preguntó por la experiencia en entrevistas del año 70 ambos coincidieron en que fue una operación con resultados satisfactorios; Amanda relata que todo el proceso no duró más de media hora. Al terminar la faena se envolvió la cabeza con una bufanda, se comió un bistec para recuperar el hierro perdido y se fue de fiesta. Literalmente.

Es precisamente Amanda quien describe con mayor detalle lo que uno experimenta cuando le perforan el cráneo: justo cuando terminó de hacerse el agujero lo vivió como "la llegada de una marea". Aseguró que notó una sensación de crecimiento, lento y suave.

La experiencia de Joe fue algo más accidentada debido a que durante el procedimiento se le rompió el cable del taladro y tuvo que bajar a que se lo arreglaran con una toalla en la cabeza. En el transcurso de unas horas, tras haber terminado, le invadió una sensación, según él, de ligereza. Lo cuenta todo en su libro de memorias, Bore Hole.

En diversas entrevistas, ambos coinciden en señalar que el objetivo final de la trepanación es abrir el cerebro "al latido del corazón", heartbeat, que es de lo que según ellos se le priva al cerebro con el sellado del cráneo en la adolescencia.

*¿Cómo viven actualmente?*

En la actualidad Flair dirige una galería de arte en Londres y también es directora de la fundación Beckley, un Think Tank dedicado al estudio de la consciencia y de todas aquellas herramientas para alterarla, tanto sustancias psicoactivas como meditación, entre otras. El estudio de mecanismos físicos para lograr estados alterados de consciencia, en definitiva.

Max Miller realiza conferencias en las que aporta el testimonio de su juventud. Dicho libro es un auténtico alegato en favor del uso de psicoactivos y de la práctica de la trepanación. Pese a que tanto Flair como Miller son abiertamente defensores de esa práctica, recomiendan encarecidamente que nadie se realice a sí mismo esta operación por su cuenta. La propia Flair se presentó a las elecciones al Parlamento Británico con la promesa de garantizar la trepanación gratuita por la seguridad social en su programa. No es broma.

# 4

# ¿A Dónde Fue El Tiempo?

*¿QUÉ ES **la teoría o hipótesis del tiempo fantasma?***

Leyendo el título que presenta las siguientes palabras: la hipótesis del tiempo fantasma, uno podría pensar que nos disponemos a hablar de alguna serie de viajes en el tiempo que tan de moda están actualmente, de una nueva película de acción o, quizá, del nuevo éxito editorial de la Feria del Libro.

Pero la teoría de la que vamos a hablar aquí, cuyo nombre original en inglés es "Phantom Time Hypothesis", La Teoría del Tiempo Fantasma no se vincula al ámbito de lo fantástico, sino que es una propuesta que defiende que la parte de la edad Media nunca existió.

· · ·

Esta teoría tan curiosa fue presentada por el historiador alemán Herbert y defiende que los años que transcurrieron entre el 614 y el 911 nunca existieron, sino que los hechos históricos que se atribuyen a ese tiempo serían o bien malinterpretaciones de la realidad histórica o bien históricas falsificaciones que se hicieron con posterioridad.

Según su argumentación, apoyada en estudios menos radicales que presentan dudas sobre la periodización actual, el emperador Otto II, el papa Silvestre II y quizá el emperador bizantino Constantino VII quisieron vincularse al significativo número del año 1000 modificando tanto el calendario como el sistema de datación y reescribiendo parte de la historia de esa "época imaginada" en su beneficio.

La aceptación de esta teoría significaría que personajes de la talla de Carlomagno (768-814) no existieron o acontecimientos como la conquista árabe de la península Ibérica (711) no sucedió en el momento y la forma en la que nos han contado.

Así, si esta teoría se aplicase, no nos encontraríamos en el año 2015 de nuestra era, sino en el año 1718, pues tendríamos que eliminar casi trescientos años del cómputo que ahora utilizamos.

. . .

Los defensores de esta teoría (que son bastantes más de lo que se podría pensar en un principio) presentan diversos argumentos que, según ellos, apoyarían su aseveración, aunque se pueden considerar más que dudosos. Los principales son los siguientes:

Las razones de la Teoría del Tiempo Fantasma

- Su autor asevera que hay muy pocos restos arqueológicos que se puedan datar con seguridad en ese periodo, por lo que la inmensa mayoría de lo que sabemos sobre este periodo se basa en fuentes escritas. Dichas fuentes se escribieron en diversas ocasiones muchos años después de los hechos que describieron, pudiendo tender así a tergiversar los hechos, a ofrecer informaciones equivocadas o a dar fechas erróneas.

Documentos falsificados

- Se ha demostrado con posterioridad que diversos documentos importantes datados en la época de la que habla Illig habían sido falsificados por cuestiones políticas y no correspondían a dichos años, como la famosa "Donación de Constantino", que ya el

humanista Lorenzo Valla en 1440 demostró
que era falsa.

Falta de desarrollo artístico

- El estancamiento en el desarrollo de las artes
  respecto al periodo romano durante esos
  primeros tres siglos puede llevar a pensar que
  el fin de esa etapa histórica no estaba tan
  lejana en el tiempo como ahora se considera.

## La desincronización del calendario

Cuando se introdujo la reforma del calendario en 1582, se consideró que había una desincronización de 10 días, que fueron precisamente las jornadas que se hicieron desaparecer ese año para acabar con las discrepancias existentes con un año natural.

Sin embargo, según Illig, el calendario juliano debería haber producido una discrepancia de 13 días, no de 10, por lo que considera que no se tuvo adecuadamente en cuenta las tres centurias de cuya existencia duda, aunque

Illig no parece tomar en consideración el hecho de que la reforma gregoriana tuvo una destacada vinculación con los acuerdos del concilio de Nicea del año 325.

Por otro lado, como no podía ser de otra manera con una teoría tan sumamente polémica, los argumentos en contra de la validez de esta hipótesis son numerosos, pero vamos a citar solo dos en concreto que merecen reflexión.

Uno de los argumentos más poderosos que se han esgrimido en su contra es el hecho de que es una teoría casi exclusivamente eurocéntrica.

Todos los datos que hemos descrito en los párrafos anteriores como pilares importantes de esta teoría se vinculan a características solo aplicables al continente europeo, pero imposibles de extrapolar a otras partes del mundo, donde se conservan testimonios prácticamente inapelables de que el periodo descrito efectivamente existió.

Por ejemplo, en China quedan valiosos restos de testimonios del estudio de la astronomía durante la época de la dinastía Tang (618-907), en los que se reflejan fenómenos como los eclipses solares o la aparición del cometa

Halley, cuya correspondencia temporal con sus reiteraciones en épocas posteriores da cabida a poca discusión.

Asimismo, incluso aceptando las dificultades de datación de algunos documentos europeos, es muy difícil de refutar acontecimientos sucedidos fuera de Europa como la aparición de la religión islámica, datada en el año 622, con todo lo que eso supuso cultural, artística y políticamente, y la enorme extensión que consiguió entre el mencionado año y el 911, cuando estructuras políticas de religión islámica habían llegado hasta las puertas de Francia conquistando grandes zonas de Asia y el norte de África por el camino, por citar un caso enormemente extremo.

Es difícil aceptar una teoría que niega que existiera precisamente el periodo histórico en que apareció, se desarrolló y alcanzó una enorme extensión a nivel mundial una de las principales religiones de la Historia.

Por otro lado, considerar que todos los documentos vinculados a estas épocas a nivel mundial fueron falsificados y todos los personajes que aparecen en ellos no existieron jamás es una teoría que difícilmente se puede sostener.

·  ·  ·

Aunque aceptaramos la idea de que los emperadores romano y germánico y el papa se hubieran puesto de acuerdo para crear este salto temporal e imponerlo en los territorios que gobernaban, muy difícilmente hubieran podido poner de acuerdo al resto de Europa para crear dinastías, hechos político-militares y acontecimientos de todo tipo que cuadraran con la datación que habían inventado.

Según esta teoría, el mencionado Carlomagno sería tan igualmente ficticio como los restos que nos quedan de los reyes visigodos o de otros monarcas vinculados a los pueblos germánicos, por citar un ejemplo, de los que nos quedan testimonios físicos como monedas que habrían tenido que ser falsas o datadas con una ratio de error de siglos.

Por mucho que algunos expertos hayan hecho notar su escepticismo respecto a los métodos de datación utilizados en restos de esta época, herramientas como la dendrocronología se han revelado, si no absolutamente exactas, sí muy certeras y cuya ratio de error no es de siglos, como tendría que serlo para que todos los restos físicos que conservamos de la época estuvieran mal datados.

Esta teoría, como ya hemos indicado, tiene más seguidores de los que en un principio podría pensarse, pero dista mucho de ser una hipótesis aceptada. Los elementos que presenta son endebles y, por muy fascinante que nos pueda parecer su título, todavía se está muy lejos de poderse demostrar que vivimos actualmente en el siglo XVIII.

# 5

## La Historia De La Reverte

MARIANA SANDRA ROGRÍGUEZ fue una figura sobresaliente del mundo de la tauromaquia en España. Tras la prohibición del toreo femenino en 1908, sorprendió al revelar que su nombre era Alberto Rodríguez. La confesión despertó la duda: ¿hombre, mujer, transexual o hermafrodita?

Algunos señalaron que fue una jugada astuta para eludir prohibiciones contemporáneas. Otros creyeron la confesión y la consideraron desde entonces una persona transexual. Se habló también de un caso de hermafroditismo. Lo concreto es que Mariana Sandra Rogríguez, una figura sobresaliente del mundo de la tauromaquia, sembró la duda que perdura hasta hoy, tras revelar públicamente que era un hombre y que había fingido ser mujer durante décadas para así poder seguir ejerciendo su profesión.

. . .

El caso, que rememora un diario de Estados Unidos, se remonta a fines del siglo XIX. No hay muchas precisiones sobre su historia previa a desplegar su talento en los ruedos. Se afirma que nació el 28 de agosto de 1878 en el pueblo de Senés, en Almería, aunque el dato es difícilmente verificable: los archivos municipales y parroquiales fueron destruidos durante la Guerra Civil. Las crónicas de la época cuentan que con el tiempo emigró con su familia a las localidades de La Carolina y Arquillos, en la provincia de Jaén, donde trabajó en la minería.

Su inspiración para iniciar la carrera novilleril fue la torera Diana Serrano "La Farragosa". La vio actuar en la plaza de su pueblo e inmediatamente comenzó el aprendizaje a las órdenes de un banderillero cordobés.

En sus primeros pasos se la conoció bajo un apelativo, que hoy sería políticamente incorrecto: la llamaban "marimacho", a raíz de que se destacaba por su gran fuerza y poca delicadeza. Con el correr de los años, alcanzaría la fama con el apodo de "La Reverte", que lo tomó del matador de toros Agustin Raverte, de gran popularidad en aquel entonces.

. . .

El debut llegó en 1988. Acompañando a novilleros de renombre, como Machaquito y Lagartijo chico, toreó en Zaragoza, Madrid, Granada, Valencia, Murcia, Sevilla y varias ciudades de Portugal.

Así, su nombre comenzaría a destacar entre expertos: el crítico taurino de un periodico resaltó "su valentía" en enero de 1899. Una reseña de la Correspondencia de España, en noviembre de 1900, se expresaba en mismo sentido: "Es muy valiente y muy morena, capea, banderillea, mata y salta la barrera como un hombre. Tiene mucha decisión, pero nada más".

Era una época próspera para las mujeres toreras, que gozaban de una enorme popularidad en España a finales del siglo XIX. Pero todo cambió en 1908. El éxito del toreo femenino empezó a molestar a parte de los aficionados, críticos y colegas masculinos. La oposición escaló tanto que el 2 de junio de aquel año el Gobierno prohibió torear a las mujeres, a través de una Real Orden emitida por el ministro Juan de la Cruz.

"La opinión pública ha protestado en varias ocasiones contra la práctica que va introduciéndose en las plazas de toros de que algunas mujeres tomen parte en la lidia de reses bravas. Esto constituye un espectáculo impropio, opuesto a la cultura y a todo sentimiento delicado. Por eso dispongo que, en lo sucesivo, no se autorice función alguna de toros en que éstos hayan de ser lidiados por mujeres", decía la resolución.

La Reverte, que hasta entonces llevaba más de doce temporadas y había lidiado exitosamente con más de quinientos toros bravos, no iba a rendirse y abandonar su profesión mansamente. Decidió entonces dar pelea en los tribunales. "Que el señor de la Cruz me dé una credencial de hombre y yo seguiré toreando como puedan hacerlo los hombres, pues soy tan capaz como el que más", desafió.

Presentó un recurso contencioso-administrativo, que fue desestimado. Ante la negativa, subió la apuesta y planteó otra estrategia: aseguró que en realidad no era mujer y se declaró varón. Dijo que había sido bautizada con el nombre de Alberto Rodríguez.

Aquella revelación desató la controversia en relación al verdadero sexo de La Reverte. Algunos la trataron de ursurpadora, entendiendo que cambió de sexo para esquivar la prohibición. Otras creyeron que se trataba de un caso de transexualidad, e incluso de intersexualidad. Al cabo, es otro misterio en su vida que nunca pudo salir a la luz, pese a rumores y comentarios que no pudieron verificar ni desmentir su historia.

．．．

El enigma acaparó la atención pública en el país ibérico a tal punto que la recuerda como "el más singular y extraordinario personaje que ha pisado los ruedos españoles", llegará a preguntarse en aquel entonces: "¿Qué es La Reverte? ¿Un hombre o una mujer?"

La Reverte consiguió volver al ruedo pero en los años siguientes su fama comenzó a desvanecerse. Volvió a torear como mujer una vez que se levantó la prohibición en la década del 30. Nunca tuvo el mismo éxito que antes de su "cambio de sexo". Murió en 1945, trabajando en tareas de vigilancia en una mina en Jaén.

6

# La Gran Muralla China

Un poema compuesto por el emperador Yangdi a principios del siglo VII de nuestra era nos recuerda lo que fue una de las grandes preocupaciones de los emperadores chinos: la defensa de la frontera septentrional del país mediante una «Gran Muralla» que habría de durar «miles de años». Sin embargo, este tipo de estrategia defensiva fue sólo una de las que empleó el Imperio del Centro en las cambiantes relaciones que mantuvo con los pueblos de las estepas.

Desde el siglo IV a.C., las estepas al norte de China fueron ocupadas por pastores nómadas. Éstos dependían de sus vecinos sedentarios del sur para obtener todo lo que no les proporcionaba la estepa, sobre todo productos agrícolas con los que completar una alimentación basada en la carne y los lácteos. Su población era muy inferior a la de China, pero constituían una grave amenaza.

. . .

Armados con potentes arcos compuestos y a lomos de sus pequeños ponis esteparios, rápidos y muy resistentes, los guerreros nómadas se apresuraron a lanzar ataques sobre los Estados del norte de China.

Los emperadores ensayaron diferentes estrategias para defenderse de la amenaza de estos nómadas. Una de ellas era la muralla defensiva. El primer emperador, Qin Shihuang di (221-210 a.C.), construyó una línea de fortificaciones que unía las levantadas por Estados anteriores y abarcaba toda la frontera. Luego, la dinastía Han trató de controlar a los bárbaros mediante sobornos (camuflados como subsidios) y campañas de conquista en la estepa, a la vez que construía una nueva Gran Muralla. Los nómadas, por su parte, pronto aprendieron que podían utilizar sus incursiones no sólo para obtener botín, sino como método de presión para aumentar el volumen de los subsidios, en forma de objetos de lujo, especialmente seda.

Durante los siguientes mil años se mantuvo un cierto equilibrio entre chinos y bárbaros, hasta que a principios del siglo XIII un jefe mongol llamado Temujin consiguió unificar la estepa y reanudó el ciclo de ataques al norte de China para obligar a los chinos a enviar subsidios y a comerciar. La resistencia encontrada llevó a Temujin, convertido en emperador de los mongoles con el nombre de Gengis Kan, a lanzarse a la conquista de China.

Esta empresa sin precedentes para un nómada sería completada por su nieto Kublai Kan, quien además de ser kan de los mongoles fundó una nueva dinastía, la de los Yuan.

*Los Ming en el poder*

Los Yuan fueron destronados por una revuelta campesina, y en 1368 la corte mongol evacuó su capital y se refugió en la estepa. La nueva dinastía reinante en China, los Ming, llevó a cabo una agresiva campaña de ataques a la estepa con el objetivo, primero, de impedir cualquier intento de los refugiados Yuan para recuperar su trono perdido y, después, para mantener a los nómadas a raya. Pero los Ming pronto comprobaron que su poder militar no bastaba para doblegar a los nómadas: en 1449 sufrieron una terrible derrota en la batalla de Tumu, y el mismo emperador, Zhengtong, cayó prisionero de los enemigos.

A partir de mediados del siglo XV, los Ming pasaron gradualmente a la defensiva. El gobierno consideró en repetidas ocasiones la opción de enviar subsidios a los nómadas para contenerlos en sus dominios, pero ésta era una medida impopular tanto para los diferentes emperadores como para los funcionarios civiles, por el perjuicio que causaba al tesoro. La consecuencia de ello fue que los mongoles redoblaron sus ataques sobre la frontera para obligar a los chinos a comerciar.

Como afirmaba en 1459 el Gran Secretario Li Xien, los mongoles «son una calamidad para China sólo porque necesitan desesperadamente ropa y comida». No es exagerado afirmar que los Ming fueron la dinastía de toda la historia china que sufrió más ataques por parte de los nómadas. No sería hasta 1571 cuando un cortesano, el ministro Wang Chung Ku, que había acumulado un gran poder, logró convencer al emperador Longqing de cambiar de política.

Se enviaron subsidios a la aristocracia mongola y se establecieron mercados en la frontera, con lo que se consiguió reducir el número de ataques mongoles y el gasto del dispositivo militar chino en la frontera.

*Una nueva muralla*

En realidad, desde decenios atrás la estrategia de defensa de los Ming frente a los nómadas había pasado por una de las soluciones clásicas del Imperio chino: la barrera defensiva.

·  ·  ·

Los Ming construyeron una nueva Gran Muralla, aunque de características más avanzadas que las anteriores. Mientras que en el pasado las fortificaciones se habían erigido empleando la tierra como materia primera, compactándola en una especie de tapial, ahora se empleó en la mayoría de los tramos una combinación de zócalo de piedra y alzado en ladrillo.

Este sistema era mucho más caro que los anteriores, se ha llegado a decir que cien veces más, pero también resistía las inclemencias del tiempo mucho mejor.

Sin embargo, la eficacia militar de esta barrera fue siempre relativa. La frontera septentrional china sufrió un número de ataques muy alto, a veces por parte de grandes bandas de guerreros, verdaderos ejércitos que podían alcanzar los 100.000 efectivos, pero también por pequeños grupos de nómadas. Un ejemplo de este último caso ocurrió en Wo Yan, en 1555. Una veintena de guerreros mongoles asaltó una torre en plena noche, trepando con ganchos, pero justo cuando el primero de ellos la coronaba los relinchos de sus caballos alertaron a los soldados chinos que pudieron rechazar el ataque. Sería, sin embargo, un error presentar a los nómadas siempre como los agresores. En 1563, en el curso de una investigación por corrupción, se descubrió que unos soldados habían asesinado a un grupo de mongoles tras aceptar su rendición para fingir una victoria en combate y ser recompensados en consecuencia.

· · ·

Hay que tener en cuenta que los militares chinos destacados en la Gran Muralla vivían en unas condiciones muy duras. Un documento del propio ministerio del ejército reconocía en 1443 que los soldados en la frontera noroccidental están expuestos al viento y el frío.

Ya sirvan como vigías en las torres de señales o como guardias en los pasos pueden estar fuera durante meses o años sin regresar a su base, y sus familias e hijos, careciendo de ropa y comida, están en una situación desesperada. Ciertamente, reciben un salario mensual, pero muy a menudo tienen que gastarlo en armas o caballos y sus sufrimientos por el hambre y el frío son indescriptibles.

*Convivencia con el enemigo*

Las tropas chinas acantonadas en la Gran Muralla mantenían múltiples contactos con los nómadas, a pesar de la oposición de sus superiores. Los soldados chinos comerciaban frecuentemente con sus enemigos, actividad que, como hemos visto, era especialmente importante para los nómadas, y en situaciones extremas los soldados podían llegar incluso a desertar. En 1550, el comandante militar de Datong, al oeste de Pekín, escribía indignado: Nuestras tropas y exploradores a menudo van al territorio mongol para comerciar con ellos y han hecho amigos. Los cuatro caudillos Altan, Toyto, Senge y Usin han incorporado torres de observación de nuestra Gran Frontera a sus campamentos. Los mongoles reemplazan a nuestras dotaciones como vigías y nuestros soldados reemplazan a sus tropas como pastores, con el resultado de que ninguna información estratégica de nuestras defensas pasa inadvertida a los mongoles.

En numerosas ocasiones los funcionarios del gobierno demostraron una gran desconfianza hacia el comportamiento de sus propios soldados. En 1554, uno de ellos acusó a las tropas fronterizas de tener tanto miedo a los mongoles que, cada vez que éstos cruzaban la Gran Muralla, huían sin siquiera combatir. Otro afirmó en 1609 que los guardias de las torres, incapaces de defenderse a sí mismos, al descubrir mongoles en las cercanías no se atrevían a dar la voz de alarma y preferían fingir que no los habían visto. También se acusó a los soldados de sobornar a los nómadas para que no les atacasen, lo que no deja de ser chocante teniendo en cuenta la oposición radical del gobierno a este recurso. La colaboración entre los nómadas y algunos soldados llegaba hasta tal punto que en 1533 un funcionario del gobierno afirmó que las dotaciones de las torres de observación servían de guías a las partidas de guerra mongolas durante sus incursiones en territorio chino.

*La invasión Manchú*

• • •

La dinastía Ming se debilitó como consecuencia de dos siglos de enfrentamiento con los nómadas. Además, en su obsesión por los mongoles, descuidaron protegerse de otros enemigos, como los manchúes, que aprovecharon este error para convertirse en un poder a tener en cuenta y, cuando se desató una rebelión interna en China, atravesaron la Gran Muralla, cuya guarnición les franqueó el paso, y derrocaron a los Ming en 1644.

Pasado el tiempo, la Gran Muralla, perdida ya su función original, se ha convertido en símbolo del orgullo colectivo del pueblo chino y en el icono más conocido del país, lo que no deja de ser irónico dado los escasos frutos que dio en la larga lucha de China por defenderse de sus vecinos nómadas del norte.

# 7

# 11 De Septiembre

Los ATENTADOS del 11 de septiembre de 2001, también conocidos comúnmente por los numerónimos 11S en español y 9/11 en inglés, fueron una serie de cuatro ataques terroristas suicidas cometidos en Estados Unidos en la mañana del martes 11 de septiembre de 2001 presuntamente por el grupo terrorista Al Qaeda.

Esa mañana, cuatro aviones comerciales que viajaban desde el noreste de Estados Unidos a Los Ángeles y San Francisco fueron secuestrados en pleno vuelo por 19 terroristas de Al Qaeda. Los secuestradores estaban organizados en tres grupos de cinco secuestradores y un grupo de cuatro. Cada grupo tenía un secuestrador que había recibido entrenamiento de vuelo y se hizo cargo del control de la aeronave.

. . .

Su objetivo explícito era estrellar cada avión contra un edificio prominente, causando bajas masivas y destrucción parcial o completa de los edificios atacados.

El primer avión en alcanzar su objetivo fue el vuelo 11. Fue estrellado contra la Torre Norte del complejo World Trade Center en el Bajo Manhattan de la ciudad de Nueva York a las 8:46 a. m. Diecisiete minutos después, a las 9:03 a. m., la Torre Sur del World Trade Center fue golpeada por el vuelo 175 de otra de las aerolíneas. Ambas torres de 110 pisos se derrumbaron en una hora y cuarenta y dos minutos, lo que llevó al colapso de las otras estructuras del World Trade Center, incluido el 7 World Trade Center, y dañó significativamente los edificios circundantes.

Un tercer vuelo, el vuelo 77, que había despegado del Aeropuerto Internacional de Dulles, secuestrado sobre Ohio, fue estrellado a las 9:37 a. m. contra el lado oeste del Pentágono (la sede del ejército estadounidense) en el condado de Arlington, Virginia, causando un colapso parcial de ese lado del edificio. El cuarto y último avión secuestrado fue el vuelo 93, en dirección a Washington, D.C. Los pasajeros del avión intentaron recuperar el control de la aeronave lejos de los secuestradores y finalmente desviaron el vuelo de su objetivo previsto; se estrelló en un campo cerca de Shanksville, Pensilvania, a las 10:03 a. m.

. . .

Los investigadores determinaron que el objetivo del vuelo 93 era la Casa Blanca o el Capitolio de los Estados Unidos.

Inmediatamente después de los ataques, las sospechas cayeron rápidamente sobre Al Qaeda. Los Estados Unidos bajo la administración de George W. Bush respondieron formalmente lanzando la Guerra contra el terrorismo e invadiendo Afganistán para deponer a los talibanes, que no habían cumplido con las demandas de los Estados Unidos de expulsar a Al Qaeda de Afganistán y extraditar al líder de Al Qaeda. Este mismo, escapó a las Montañas Blancas, donde fue atacado por las fuerzas lideradas por Estados Unidos, pero logró escapar. Aunque inicialmente negó cualquier participación, en 2004 se atribuyó formalmente la responsabilidad de los ataques.[7] Al Qaeda citaron el apoyo de Estados Unidos a Israel, la presencia de tropas estadounidenses en Arabia Saudita y las sanciones contra Irak como motivos. Después de evadir la captura durante casi una década, Bin Laden fue localizado en un escondite en Abbottabad, Pakistán y posteriormente asesinado durante la Operación Lanza de Neptuno, el 2 de mayo de 2011.

La destrucción del World Trade Center y la infraestructura cercana dañó seriamente la economía de la ciudad de Nueva York y creó una recesión económica global. Muchos países fortalecieron su legislación antiterrorista y ampliaron los poderes de los organismos encargados de hacer cumplir la ley y de inteligencia para prevenir ataques terroristas. Los espacios aéreos civiles de Estados Unidos y Canadá estuvieron cerrados hasta el 13 de septiembre, mientras que las operaciones de Wall Street se cerraron hasta el 17 de septiembre. Muchos cierres, evacuaciones y cancelaciones siguieron, por respeto o temor a nuevos ataques.

La limpieza del sitio del World Trade Center se completó en mayo de 2002, y el Pentágono fue reparado en un año. La construcción del reemplazo del complejo World Trade Center comenzó en noviembre de 2006, y el edificio se inauguró en noviembre de 2014.

Los ataques resultaron en 2.996 muertes, más de 25.000 heridos y consecuencias sustanciales para la salud a largo plazo, además de al menos $ 10 mil millones en daños a la infraestructura y la propiedad.910 Sigue siendo el ataque terrorista más mortífero en la historia de la humanidad y el incidente más mortífero para bomberos y agentes de la ley en la historia de los Estados Unidos, con 340 víctimas,11 y 72 muertos y los mayores desastres aéreos donde se involucre cualquier aeronave en la historia de la aviación. Si bien al ser hechos provocados intencionadamente, no se consideran accidentes.

· · ·

Se han construido numerosos monumentos, incluido el National September 11 Memorial & Museum en la ciudad de Nueva York, el Pentagon Memorial en el condado de Arlington, Virginia, y el Flight 93 National Memorial en el lugar del accidente de Pensilvania.


*Las consecuencias del atentado*


**Efectos económicos**

Los ataques tuvieron un impacto significativo en los mercados estadounidenses y mundiales. La Reserva Federal redujo temporalmente sus contactos con bancos por la falta del equipo perdido en el distrito financiero de Nueva York.


En horas, se recuperó el control sobre el suministro de dinero, con la consecuente liquidez para los bancos. Los índices bursátiles New York Stock Exchange (NYSE), American Stock Exchange y NASDAQ no abrieron el 11 de septiembre y permanecieron cerrados hasta las 15:37 del 17 de ese mismo mes. Los sistemas del NYSE no fueron dañados por el ataque, pero los daños en las redes telefónicas del sistema financiero del World Trade Center impidieron que funcionara.

· · ·

Cuando los mercados reabrieron el 17 de septiembre de 2001, tras el mayor parón desde la Gran Depresión, el índice Dow Jones Industrial Average cayó 684 puntos (7,1 %), hasta 8920, en su mayor caída en un solo día. Al final de la semana, el Dow Jones había perdido 1369,7 puntos (14,3 %), su mayor caída en una semana. Desde entonces Wall Street permanece protegido contra un atentado terrorista.

## Efecto potencial en la salud

Los miles de toneladas de escombros tóxicos resultado de la caída de las Torres Gemelas están compuestos por: un 50 % de material no fibroso y escombros de construcción; un 41 % de vidrio y fibra; un 9,2 % de celulosa y un 0,8 % de asbesto,111 plomo y mercurio. Además se liberaron niveles sin precedentes de dioxinas e hidrocarburos policíclicos aromáticos en los fuegos que ardieron durante los tres meses siguientes. Esto causó varias enfermedades en los equipos de rescate y reconstrucción que trabajaron en la zona cero, incluyendo la muerte del agente Jonathan Zambrano. Los efectos se han extendido también a la salud de los habitantes del Bajo Manhattan y la cercana Chinatown. Según una especulación científica, la exposición a varios productos tóxicos y los contaminantes del aire circundante a las Torres tras el derrumbe del WTC podría tener efectos negativos en el desarrollo fetal.

. . .

Debido a este riesgo potencial, un notable centro de salud de niños está actualmente analizando a los hijos de madres que estaban embarazadas durante el derrumbe del WTC y que vivían o trabajaban cerca de las torres. El personal de este estudio evalúa a los niños usando test psicológicos cada año y entrevista a las madres cada seis meses. El propósito del estudio es determinar si hay diferencias significativas en el desarrollo y la salud de los niños de las madres que estuvieron expuestas a los productos tóxicos, frente a niños cuyas madres no estuvieron expuestas a la contaminación.

## *Medidas de seguridad interna en los Estados Unidos*

Tras los ataques, se registraron las huellas de 80 000 árabes y musulmanes bajo la Alien Registration Act de 1940. De ellos, 8000 fueron entrevistados y 5000 extranjeros fueron detenidos bajo la resolución conjunta del Congreso de los Estados Unidos 107-40, que autorizó el uso de fuerza militar para detener y prevenir el terrorismo internacional en los Estados Unidos.

A causa de los atentados, la opinión pública se centró sobre todo en materia de seguridad nacional, e incluso se creó una nueva agencia federal a nivel de gabinete, el

Departamento de Seguridad Nacional de los Estados Unidos, reorganizando así la lucha antiterrorista.

Asimismo se aprobó la Ley Patriótica (USA PATRIOT Act), suspendiendo y limitando algunas libertades y derechos constitucionales con el fin de aumentar la seguridad interna de los Estados Unidos. Esta medida ha sido duramente criticada por defensores de los derechos civiles, que ven en ella una violación de la privacidad de los ciudadanos, además de una relajación del control judicial sobre los cuerpos de inteligencia.

El 11-S fue también el argumento utilizado por el gobierno de Bush para iniciar una nueva operación de la Agencia de Seguridad Nacional con el objetivo de registrar las comunicaciones de ciudadanos estadounidenses con el extranjero.

Los cambios en la vida cotidiana de la población y la exigencia de un compromiso directo con la seguridad han sido considerables. En cada medio de transporte se han colocado carteles y altavoces que repiten la consigna "If you see something, say something" ("Si ves algo, di algo").

### Respuesta internacional

. . .

Tras el 11-S, numerosos gobiernos aprobaron leyes antiterroristas o endurecieron las ya existentes, particularmente de cara al terrorismo islámico. Entre ellos estuvieron el Reino Unido, España, India, Australia, Francia, Alemania, Indonesia, China, Canadá, Rusia, Pakistán, Jordania, Mauricio, Uganda y Zimbabue. Una consecuencia de dichas medidas fue la congelación de cuentas bancarias asociadas a Al Qaeda.

Los servicios de seguridad e inteligencia de varios países como Italia, Malasia, Indonesia, Filipinas arrestaron tras los atentados a personas relacionadas con varias células de Al Qaeda. Dichas medidas han sido objeto de varias críticas, que las ven como un atentado a las libertades individuales, como un recorte de derechos y, en general, como un aumento de la injerencia del Estado en la intimidad de los ciudadanos.

Particularmente conocido es el campo de detención de Guantánamo, base estadounidense en Cuba, donde se encuentran numerosos prisioneros capturados como "combatientes ilegales". Dicho centro, criticado por Amnistía Internacional, la Unión Europea, la ONU y numerosas organizaciones más, ha sido reiteradamente denunciado como una violación de los Derechos Humanos.

· · ·

En México, el presidente de la República de ese momento, declaró la cancelación total de los festejos patrios del 15 de septiembre correspondientes al día de la Independencia Nacional; también rechazó rotundamente los ataques terroristas de los cuales Estados Unidos era blanco y manifestó su apoyo al presidente que estaba a cargo en ese momento.

8

# Matanza En La Plaza
# Tiananmen

LA NOCHE del 3 al 4 de junio de 1989, el Ejército chino recibió la orden de dispersar en Pekín las protestas estudiantiles de casi siete semanas: a este hecho se le conoce como la Matanza de estudiantes en la plaza de Tiananmen. Durante casi siete semanas, China pareció estar al borde de un cambio social masivo, pero en una sola noche fueron brutalmente aplastados los sueños y manifestaciones de cientos de miles de estudiantes y trabajadores.

En Pekín, todo comenzó en abril de 1989, cuando más de un millón de manifestantes ocuparon la plaza de Tiananmen enarbolando banderas y pancartas en un ambiente festivo, convirtiéndose en la mayor movilización en la historia de la China comunista. Durante aquel lapso, las protestas se extendieron a otras ciudades y universidades congregando a personas de todos los ámbitos sociales: desde obreros hasta periodistas y estudiantes.

La causa detonante fue el fallecimiento del ex líder del Partido Comunista Chino. El pueblo lo consideraba un defensor de la liberalización, pero había sido depuesto dos años antes de su ampliamente lamentada muerte, el 15 de abril, a los 73 años de edad. Tres días después, en honor de Humiles de estudiantes en duelo marcharon a través de Pekín pidiendo un gobierno más democrático. Durante el mes y medio posterior, a la juvenil manifestación se sumaron los trabajadores, y la protesta fue creciendo invariablemente. El 19 de mayo, un mitin en la plaza atrajo a aproximadamente 1,2 millones de personas y el líder del entonces Partido Comunista, se reunió con ellas para abogar por el fin de los reclamos.

Según relatos de los sobrevivientes, en la noche del 3 de junio, después de dos tensas semanas, la policía y tropa armada, ésta a bordo de tanques del Ejército de Liberación Popular, se dirigieron a la famosa plaza abriendo fuego a su paso: fue en durante este trayecto hacia la emblemática ágora donde ocurrieron la mayoría de las muertes, en distintos puntos de la ciudad. El gobierno chino jamás declaró cuántos manifestantes fallecieron, nunca se ha publicado una cifra oficial. Las autoridades chinas continúan intentando evitar las preguntas sobre ese día o, incluso, que se hable de ello, pero los grupos de derechos humanos estiman en miles el número de muertos en miles.

Posterior a todos estos hechos, en abril del 2011 el Museo Nacional de China en la Plaza de Tiananmén fue renovado y se abrió al público. Lamentablemente, el edificio no contiene exhibiciones con los eventos de junio de 1989 como tema.

# WORLD WIDE WEB

WORLD WIDE WEB conocida como la Web, es un sistema de documentos de hipertexto vinculados entre sí en Internet accesibles a través de navegadores. usando un programa conocido como navegador Web se pueden ver páginas que pueden contener textos, imágenes, medios continuos como video o música y casi cualquier elemento multimedia de hoy en día.

Uno de los grandes aciertos del sistema fue la conexión entre las páginas a través de hipervínculos. Esto permite hacer un recorrido no lineal entre los documentos, conocido como navegación.

La propuesta original de la Web fue redactada en la CERN (European Organization for Nuclear Research) en el año de 1989 por Sir Tim Jay Berners-Lee, tomando como idea precursora a un proyecto jamás materializado llamado Memex. Ideado por Vanderbilt B. en 1945, consistía en un dispositivo que almacenaría documentos de todo tipo que serían consultados y editados a través de una especie de teclado con palancas.

El 12 de marzo de 1989 es conocido como el nacimiento de Internet, y posiciona a Berners-Lee como padre. La propuesta formal de la Web fue presentada oficialmente en la CERN el 12 de noviembre de 1990 en parte gracias a la colaboración de Ringo Ceron.

Como miembro de la CERN, fue quien decidió tomar la idea de Berners-Lee y ayudó tanto en la redacción como en la provisión de recursos para concretar el proyecto. A finales de 1990 ya habían construido el primer servidor Web en un sistema Next, y el primer software navegador-editor de páginas.

Sin embargo, no fue hasta abril de 1993 cuando la CERN decidió permitir el uso libre y gratuito de la Web a la comunidad. La aparición del primer navegador Web MOSAIC de la NCSA (National Center for Supercomputer Applications) marcó el comienzo oficial de la Web como un sistema orientado a la comunidad.

· · ·

## LA COMPUTADORA

La historia de la computadora es el recuento de los eventos, innovaciones y desarrollos tecnológicos del campo de la informática y la automatización, que dieron origen a las máquinas que conocemos como computadoras, computadores u ordenadores. Registra además su mejoramiento y actualización hasta alcanzar las versiones miniaturizadas y veloces del siglo XXI.

Las computadoras, como todos sabemos, son las máquinas de cálculo más avanzadas y eficientes inventadas por el ser humano. Están dotadas del suficiente poder de operaciones, la suficiente autonomía y velocidad como para reemplazarlo en muchas tareas, o permitirle dinámicas de trabajo virtuales y digitales que nunca antes en la historia habían sido posibles.

La invención de este tipo de aparatos en el siglo XX revolucionó para siempre la manera en que entendemos los procesos industriales, el trabajo, la sociedad y un sinfín de otras áreas de nuestra vida. Afecta desde el modo mismo de relacionarnos, hasta el tipo de operaciones de intercambio de información a escala mundial que somos capaces de realizar.

. . .

La historia de la computadora tiene largos antecedentes, que se remontan a las primeras reglas de cálculo y a las primeras máquinas diseñadas para facilitarle al ser humano la tarea de la aritmética.

El ábaco, por ejemplo, fue un importante adelanto en la materia, creado alrededor de 4.000 a. C.

También hubo inventos muy posteriores, como la máquina conocida como Máquina de Pascal o Pascalina, creada en 1642. Consistía en una serie de engranajes que permitían realizar operaciones aritméticas. Esta máquina fue mejorada por otro científico en 1671 y se dio inicio a la historia de las calculadoras.

Los intentos del ser humano por automatizar continuaron desde entonces: se inventó en 1802 un sistema de tarjetas perforadas para intentar automatizar sus telares, y en 1822 un profesor inglés empleó dichas tarjetas para crear una máquina de cálculo diferencial.

Solamente doce años después (1834), logró innovar su máquina y obtener una máquina analítica capaz de las cuatro operaciones aritméticas y de almacenar números en una memoria (hasta 1.000 números de 50 dígitos). Por este motivo, a Babbage se le considera el padre de la computación, ya que esta máquina representa un salto hacia el mundo de la informática como lo conocemos.

. . .

La invención de la computadora no puede atribuirse a una sola persona.

Se considera a Babbage como el padre de la rama de saberes que luego será la computación, pero no será sino hasta mucho más adelante que se hará la primera computadora como tal.

Otro importante fundador en este proceso fue al creador de una máquina capaz de calcular cualquier cosa, y que llamó "máquina universal" o "máquina de Turing". Las ideas que sirvieron para construirla fueron las mismas que luego dieron nacimiento al primer computador.

Otro importante caso fue el de ENIAC (Electronic Numeral Integrator and Calculator, o sea, Integrador y Calculador Electrónico Numeral), creado por dos profesores de la universidad de Pensilvania en 1943, considerado el abuelo de los computadores propiamente dicho. Consistía en 18.000 tubos al vacío que llenaban un cuarto entero.

Los primeros computadores surgieron como máquinas de cálculo lógico, debido a las necesidades de los aliados durante la Segunda Guerra Mundial. Para decodificar las transmisiones de los bandos en guerra debían hacerse cálculos rápido y constantemente.

Por eso, la Universidad de Harvard diseñó en 1944 la primera computadora electromecánica, bautizada Mark I.

Ocupaba unos 15 metros de largo y 2,5 de alto, envuelta en una caja de vidrio y acero inoxidable. Contaba con 760.000 piezas, 800 kilómetros de cables y 420 interruptores de control. Prestó servicios durante 16 años.

Al mismo tiempo, en Alemania, se había desarrollado la Z1 y Z2, modelos de prueba de computadores similares construidos por un científico ruso, quien completó su modelo Z3 totalmente operacional, basado en el sistema binario. Era más pequeño y de más barata construcción que su competidor estadounidense.

En febrero de 1951 apareció la Ferranti Mark 1, una versión moderna de la computadora norteamericana del mismo nombre que estaba disponible comercialmente. Fue sumamente importante en la historia del computador, pues contaba con un índice de registros, que permitía la lectura más fácil de un conjunto de palabras en la memoria.

Por esa razón surgieron hasta treinta y cuatro patentes distintas de su desarrollo. En los años posteriores sirvió de base para la construcción de las computadoras más reconocidas en la historia, muy exitosas industrial y comercialmente.

La primera computadora moderna apareció en otoño de 1968, como un prototipo presentado por Douglas.

Tenía por primera vez un ratón o puntero, y una interfaz gráfica de usuario (GUI), cambiando para siempre el modo en que los usuarios y los sistemas computarizados interactuarían en adelante.

La presentación del prototipo de Douglas duró 90 minutos e incluyó una conexión en pantalla con su centro de investigación, constituyendo así la primera videoconferencia de la historia. Los modelos de las marcas que ahora conocemos fueron versiones posteriores de este primer prototipo.

# 10

# Los Que Dejaron Huella En La Política Y El Mundo

Nelson fue un abogado, activista contra el apartheid, político y filántropo sudafricano que presidió el gobierno de su país de 1994 a 1999. Fue el primer mandatario negro que encabezó el poder ejecutivo, y el primero en resultar elegido por sufragio universal en su país. Su gobierno se dedicó a desmontar la estructura social y política heredada del apartheid a través del combate del racismo institucionalizado, la pobreza, la desigualdad social y la promoción de la reconciliación social. Como nacionalista africano y marxista, presidió el Congreso Nacional Africano (CNA) entre 1991 y 1997, y a nivel internacional fue secretario general del Movimiento de Países No Alineados entre 1998 y 2002.

Originario del pueblo xhosa y parte de la casa real tembu, Mandela estudió Derecho en la Universidad de Fort Hare y la Universidad de Witwatersrand. Cuando residía en

Johannesburgo, se involucró en la política anticolonialista, por lo que se unió a las filas del Congreso Nacional Africano, y luego fundó su Liga Juvenil. Tras la llegada al poder del Partido Nacional en 1948, ganó protagonismo durante la Campaña del Desafío de 1952 y fue elegido presidente regional del Congreso Nacional Africano en la provincia de Transvaal. Presidió el Congreso Popular de 1955. En su ejercicio como abogado, fue varias veces arrestado por actividades sediciosas y, como parte de la directiva del CNA, fue procesado en el Juicio por Traición desde 1956 hasta 1961.

Influenciado por el marxismo, entró en secreto al Partido Comunista Sudafricano (SACP) y fue parte de su comité central. Pese a que estaba a favor de las protestas no violentas, en asociación con la SACP fundó y comandó la organización guerrillera Umkhonto we Sizwe (MK) o La Lanza de la Nación en 1961. En 1962 fue arrestado y acusado de conspiración para derrocar al gobierno, por lo que fue sentenciado a prisión perpetua durante el Proceso de Rivonia.

Estuvo encarcelado durante veintisiete años, primero en la isla Robben y después en las prisiones de Pollsmoor y de Víctor Verster. Campañas internacionales abogaron por su liberación, y fue excarcelado en 1990 en medio de una convulsión social en Sudáfrica. Intervino en las negociaciones políticas para abolir el apartheid y establecer las elecciones generales de 1994, en las que lideró al CNA al triunfo en las urnas.

Durante su Gobierno de Unidad Nacional invitó a otros partidos políticos a unirse a su gabinete, y además se promulgó una nueva constitución. Creó la comisión para la verdad y la reconciliación para investigar las violaciones a los derechos humanos cometidas en los años del apartheid.

Aunque dio continuidad a las políticas liberales de gobiernos anteriores, en su administración se implantaron medidas para una reforma de la propiedad de la tierra, el combate a la pobreza y la expansión de los servicios de salud. A escala internacional fue mediador entre los gobiernos de Libia y el Reino Unido en el juicio por el atentado al vuelo 103 de Pan Am, y verificó la intervención militar en Lesoto. Declinó postularse para un segundo periodo de gobierno, y fue sucedido en el cargo- Tras retirarse de la política, se dedicó a obras de caridad y al combate a la pandemia del sida a través de la Fundación Mandela.

Nelson pasó de terrorista a político hasta llegar a presidente de Sudáfrica (1994-1999), por lo que fue una figura controvertida gran parte de su vida. Sus críticos le acusaron de ser comunista y terrorista, pese a que se ganó el apoyo de la comunidad internacional por su activismo, lo que le hizo acreedor a más de 250 menciones honoríficas y otros galardones, entre ellos el Premio Nobel de la Paz, la Medalla Presidencial de la Libertad y el Premio Lenin de la Paz.

En Sudáfrica es amado y considerado como una figura de respeto, donde se le conoce con el nombre originario del clan xhosa, Madiba, o Tata (padre). Se le llama también el Padre de la Nación sudafricana.

## EL PRIMER PRESIDENTE DE COLOR EN ESTADOS UNIDOS

Abogado y político estadounidense, 44º presidente de los Estados Unidos (2009-2017). Cuando este político se impuso en las elecciones presidenciales del 4 de noviembre de 2008, hubo unanimidad en afirmar que ningún otro relevo presidencial había generado tanta expectación y esperanza desde los tiempos del presidente número 35. Ya en ese momento, desconociéndose aún la valoración que habría de merecer su mandato, pasó ineludiblemente a los anales de la política estadounidense como el primer presidente de raza negra.

. . .

Hijo de un economista de origen keniano, y de una doctora en Antropología por la Universidad de Hawai, pasó su infancia entre Hawai e Indonesia, país donde conoció las condiciones de pobreza que afectan a millones de personas en el llamado Tercer Mundo. Allí cursó su educación primaria.

De regreso a los Estados Unidos pasó dos años en el Occidental College de Los Ángeles.

En 1983 ingresó en la Universidad de Columbia (Nueva York) para estudiar Ciencias Políticas, y se especializó en Relaciones Internacionales. Tras su primera etapa universitaria se trasladó a Chicago, donde trabajó como organizador comunitario de los servicios sociales de un grupo de parroquias católicas.

Su carrera política comenzó a fraguarse en 1990, cuando tomó contacto con uno de los asesores de Harold Washington, quien en 1983 se convirtió en el primer alcalde negro de Chicago. Con el paso del tiempo, este personaje llegaría a convertirse en uno de los pilares de su campaña electoral.

En esta época el joven abogado consiguió algunos de los apoyos que acabarían siendo decisivos en su futura nominación como candidato demócrata a la presidencia de Estados Unidos, entre los que destacan tanto importantes empresarios como numerosos miembros de la comunidad afroamericana cristiana de Chicago.

En 1991 ingresó en la Universidad de Harvard (Cambridge, Massachussets) para ampliar sus estudios superiores, y allí fue elegido primer presidente negro de la Harvard Law Review, publicación estudiantil de dicho centro. Tras graduarse con honores regresó a Chicago, donde trabajó durante algún tiempo en una asesoría jurídica especializada en derechos civiles.

Su primer éxito político llegó en 1996. Gracias al padrinazgo del juez y líder demócrata afroamericano en el Senado de Illinois, él abogado fue elegido miembro de la cámara estatal por el Partido Demócrata, como representante del distrito de Hyde Park, donde ya era conocido por sus firmes convicciones liberales.

Después utilizó su nueva posición para preparar su ingreso en el Congreso de los Estados Unidos, en el que aspiraba a sustituir al líder de los Panteras Negras de Illinois, mediante la captación de su electorado. La primera tentativa tuvo lugar en 2000 y supuso un fuerte revés en las aspiraciones de este joven, que fue doblado por su competencia en número de votos.

·  ·  ·

Entre 2000 y 2004 se dedicó a afianzar su electorado. En 2004 obtuvo nuevos mentores en Washington, entre los que destacaban figuras señeras del Partido Demócrata. Gracias al apoyo de éstos y al de su electorado fue elegido representante nacional en la Convención Demócrata de Boston de 2004.

Tras imponerse en el bando demócrata, el joven abogado afroamericano se enfrentó al candidato republicano, por la representación del Estado de Illinois.

En esta ocasión, su contrincante se vio salpicado por un escándalo sexual por lo que consiguió el puesto de congresista en disputa, convirtiéndose así en el quinto afroamericano que accedía al Congreso de Estados Unidos y en el segundo por el Partido Demócrata.

# 11

# Desastres Naturales

## KATRINA

El huracán Katrina fue uno de los más destructivos y el que causó más víctimas mortales de la temporada de huracanes en el Atlántico de 2005. Se trata del huracán que ha provocado más daños económicos, así como uno de los cinco huracanes más mortíferos, de la historia de Estados Unidos.

Asimismo, el huracán Katrina es el sexto más intenso de todos los huracanes del Atlántico registrados. Al menos dos mil personas fallecieron debido al propio huracán o las consiguientes inundaciones, convirtiéndose en el huracán más mortífero en Estados Unidos desde el huracán San Felipe II, de 1928; la cifra total de daños materiales se estimó en un principio en 125.000 millones de dólares (2005 USD), el cuádruple que la de los desperfectos causados por el huracán Andrew en 1992.

El 23 de agosto de 2005 el huracán Katrina se formó sobre las Bahamas y cruzó el sur de Florida como un huracán de categoría 1 moderado, causando algunas muertes e inundaciones antes de fortalecerse rápidamente en el golfo de México. Tras haber alcanzado la categoría 5, la tormenta se debilitó antes de tocar tierra por segunda vez como un huracán de categoría 3 el 29 de agosto en el sudeste de Luisiana.

El Katrina devastó las costas del golfo desde Florida a Texas debido a su intensificación. El mayor número de muertes se registró en Nueva Orleans, que quedó inundada porque su sistema de diques falló, colapsándose muchos de ellos varias horas después de que el huracán hubiese continuado tierra adentro. El 80 % de la ciudad así como grandes superficies de parroquias colindantes quedaron anegadas, manteniéndose así durante semanas. Sin embargo, los daños materiales más importantes se produjeron en áreas costeras, como la inundación en cuestión de horas de todas las ciudades costeras de Misisipi, el arrastre de numerosos barcos y casinos flotantes a tierra firme, lo que provocó su choque con edificios, alcanzando las olas distancias de 10 a 19 km tierra adentro desde la costa.

. . .

El fallo de las protecciones de Nueva Orleans es considerado como el mayor desastre de ingeniería civil de la historia de Estados Unidos y dio lugar a una demanda contra el Cuerpo de Ingenieros del Ejército de los Estados Unidos, que diseñó y construyó el sistema de diques, en virtud de la Flood Control Act de 1965. El Cuerpo de Ingenieros fue encontrado responsable del fallo de los diques y de las inundaciones por un juez en enero de 2008,7 pero al tratarse de una agencia federal no pudo ser declarada responsable económica debido a la inmunidad establecida por la Flood Control Act de 1928. Del mismo modo, se llevó a cabo una investigación sobre la actuación de los gobiernos federal, estatal y local, lo que desembocó en la dimisión del director de la Agencia Federal para la Gestión de Emergencias (FEMA, por sus siglas inglés), y del superintendente del Departamento de Policía de Nueva Orleans.

El total de fallecidos (directos e indirectos) asciende a 1833, principalmente de Luisiana (1577) y Misisipi (238). Sin embargo, 135 personas siguen consideradas como desaparecidos en Luisiana.

La declaración federal de zona catastrófica se extendió sobre 233.000 km² de los Estados Unidos, un área equivalente al Reino Unido. El huracán dejó a más de un millón de personas de tres estados sin electricidad. El 3 de septiembre de 2005, el secretario de Seguridad Nacional, describió las secuelas del huracán Katrina como "probablemente la peor catástrofe o conjunto de catástrofes" en la historia de Estados Unidos, refiriéndose tanto al propio huracán como a la inundación de Nueva Orleans. Incluso en 2010, todavía se acumulaban escombros en algunas zonas costeras.

## TERREMOTO HAÍTI

El terremoto de Haití de 2010 fue registrado a las 16:53:09, del martes, 12 de enero con epicentro a 15 km de Puerto Príncipe, la capital haitiana. Según el USGS, el sismo tuvo una magnitud de 7,0 y se generó a una profundidad de 10 km. También se registraron una serie de réplicas, siendo las más fuertes las de 5,9, 5,5 y 5,1. La NOAA descartó el peligro de tsunami en la zona. Sin embargo, horas después, se registró un tsunami de mínimas proporciones que mató a cuatro personas.

Este terremoto ha sido el más fuerte registrado en la zona desde el acontecido en 1770. El sismo fue perceptible en países cercanos como Cuba, Jamaica y la República Dominicana, donde provocó temor y evacuaciones preventivas.

· · ·

Este fue uno de los terremotos más devastadores en la historia de la humanidad de la cual se tenga registro.

Los efectos causados sobre Haití, el país más pobre de América en ese momento, fueron devastadores. Los cuerpos recuperados al 25 de enero superaban los ciento cincuenta mil, calculándose que el número de muertos excedería los doscientos mil.

Los datos definitivos de los afectados fueron dados a conocer por el primer ministro en el primer aniversario del sismo, el 12 de enero de 2011, cuando se conoció que en el sismo habían fallecido 316 000 personas, 350 000 más habían quedado heridas, y más de 1,5 millones de personas se habían quedado sin hogar,con lo cual, es una de las catástrofes humanitarias más graves de la historia.

Mientras muchas viviendas colapsaron tras el terremoto, otros edificios gubernamentales de construcción más sólida, como el Palacio Nacional, se derrumbaron. Un hospital en Petionville, un suburbio de Puerto Príncipe, donde se atienden diplomáticos y los haitianos más pudientes, se derrumbó producto del terremoto y la Catedral de Puerto Príncipe también cayó. También la ONU confirmó que el cuartel general de la Misión de Estabilización en Haití, localizado en Puerto Príncipe, la capital, experimentó serios daños, al igual que otras instalaciones de la organización.

## MÉXICO EN 1985

El terremoto de México de 1985 tuvo lugar el jueves, 19 de septiembre de dicho año. Inició a las 07:17:49 y alcanzó una magnitud de 8.1.

El epicentro se localizó en el océano Pacífico, frente a la costa del estado de Michoacán, muy cerca del puerto de Lázaro Cárdenas, cerca de la desembocadura del río Balsas, límite natural entre los estados de Michoacán y Guerrero, con una magnitud de 8.1 MW y una duración de 2 minutos.

El sismo afectó las zonas centro, sur y occidente de México, en particular a la Ciudad de México, donde se percibió a las 07:19 debido al arribo de la onda sísmica (onda S) del sismo.

Ha sido el más significativo y dañino en la historia escrita de los movimientos telúricos de dicho país y de su capital, y superó en intensidad y en daños al registrado en 1957, que hasta entonces había sido el más notable en la ciudad. La réplica acontecida un día después, la noche del 20 de septiembre, también tuvo gran repercusión para la capital al colapsar estructuras reblandecidas un día antes.

Ante la carencia generalizada en el país de una cultura de protección civil, de protocolos de acción y de recursos de toda índole para las grandes catástrofes y debido también a lo generalizado de la inacción y a la minimización de las consecuencias por parte del Gobierno, encabezado a nivel federal por el entonces presidente, la situación vivida en las cuarenta y ocho horas siguientes al sismo fue de un caos generalizado, que se palió considerablemente cuando la propia sociedad civil comenzó a autorganizarse en las acciones de rescate y asistencia de las víctimas y los damnificados.

El número preciso de muertos, heridos y daños materiales nunca se conoció con precisión. En cuanto a las personas fallecidas, solo existen estimaciones: 3192 fue la cifra oficial,13 mientras que 20 000 fue el dato resultante de los cálculos de algunas organizaciones.

En cuanto a otros tipos de pérdidas, se ha calculado que económicamente fueron de unos ocho mil millones de dólares, que unas doscientas cincuenta mil personas quedaron sin casa y que aproximadamente novecientas mil se vieron obligadas a abandonar sus hogares. Las tareas de rescate de víctimas se prolongaron hasta el mes de octubre, y la de remoción de escombros, incluso hasta diez años después (1995). Al 2017, aún existían campamentos derivados de estos dos sismos.

Las consecuencias directas e indirectas del terremoto fueron de diversa índole, y abarcaron un sinnúmero de aspectos tanto de la Ciudad de México como del propio país: el alto número de víctimas y de heridos; la remoción de escombros y los esfuerzos de toda índole por lograr lo que en ese entonces se denominó vuelta a la normalidad; el cambio en el entorno urbano de diversas zonas de la ciudad por la creación de nuevos inmuebles que reemplazaron a otros o que ampliaron los existentes; la creación de nuevos espacios públicos, como parques, plazas y complejos de edificios en los espacios que dejaron las construcciones derrumbadas; la mayor participación política de la ciudadanía; el surgimiento de grupos políticos y de organizaciones no gubernamentales; el cambio político, que generó una mayor democratización de la capital del país en 1993, con la creación de la Asamblea de Representantes del Distrito Federal, y la posibilidad de elegir a sus gobernantes en 1997; la modificación a nivel nacional de las legislaciones de construcción ya existentes, ajustadas a la realidad sísmica del país, y la creación de otras nuevas, tendentes a la cultura de prevención y de protección civil y de respuesta ante las grandes emergencias, además del desarrollo de la investigación en la prevención y estudio de la naturaleza sísmica mexicana.

## MÉXICO 2017

El terremoto de México en el año 2017 ocurrió en Puebla, se produjo a las 13:14:40, hora local, del martes 19 de septiembre de ese año. Tuvo una magnitud de 7.1. Su epicentro se localizó a 12 km al sureste de Axochiapan, Morelos, según el Servicio Sismológico Nacional de México.

El Servicio Geológico de los Estados Unidos ubicó el epicentro a un kilómetro de San Felipe Ayutla, Puebla. El sismo ocurrió apenas 12 días después del terremoto de Chiapas (Mw = 8.2).

La prensa destacó profusamente la coincidencia en la fecha de este sismo con la del terremoto ocurrido en 1985, que también sucedió un 19 de septiembre, 32 años antes. Sin embargo, aparte de la fecha, no existe mayor relación entre ellos, pues el terremoto de 1985 tuvo su epicentro en la costa del estado de Michoacán, a una profundidad de 15 km, mientras que el temblor de 2017 tuvo su epicentro bajo la superficie del país, donde el proceso de subducción ejecuta un tipo diferente de esfuerzos extensivos entre las placas de Cocos y la Norteamericana. Específicamente, a este tipo de movimiento se le conoce con el nombre de sismo intraplaca.

Este temblor dejó cuantiosos daños en los estados del centro del país, a lo que algunas firmas independientes cifraron las pérdidas entre cuatro mil y ocho mil millones de dólares estadounidenses.

La Ciudad de México fue la entidad que concentró el mayor número de víctimas mortales debido a la densidad de población y la estructura del subsuelo que amplifica las ondas sísmicas; debido a que la ciudad se encuentra sobre el suelo fangoso de lo que alguna vez fue el lago de Texcoco.

Por primera vez, desde la instalación de la alerta sísmica en la ciudad, esta no sonó momentos antes para prevenir a la población y realizar evacuaciones, ya que no se contaba con estaciones sismo-sensoras cerca del epicentro. La alerta se activó hasta pasados once segundos de iniciado el sismo, justo cuando las ondas alcanzaron la ciudad, lo que no permitió una evacuación completa.

Esto se debió a la cercanía del epicentro a la Ciudad de México, separados por tan solo 121.65 km.

· · ·

En Morelos, la zona en torno al volcán Popocatépetl y el sureste del estado presentó los mayores daños, y Jojutla fue una de las localidades más afectadas. Por el lado de Puebla, la Mixteca, la región de los valles de Izúcar y Atlixco, y el centro histórico de la ciudad de Puebla registraron importantes afectaciones.

De acuerdo con la ASF, el Gobierno de México había recibido más de noventa y un millones de pesos en donaciones internacionales que, sumado a las donaciones del fideicomiso Fuerza México que concentró el apoyo de la iniciativa privada y nacional, se desconoce la ubicación, usos y cantidades utilizadas de los recursos. Asimismo, reportó que diversas dependencias registraron omisiones y sobrecostos en la reconstrucción de inmuebles.

## VOLCÁN VESUBIO, 79 D.C

Imposible no recordar la erupción volcánica más famosa y más mortífera de la historia, la del volcán Vesubio, en Pompeya, en el año 79 d.C.

Aunque tradicionalmente se ha fechado en la noche del 24 de agosto, distintos estudios y hallazgos arqueológicos han probado que debió acontecer en otoño o invierno del mismo año, en concreto el 24 de octubre.

. . .

La erupción alcanzó las ciudades de Pompeya, Herculano y Estabia, que quedaron sepultadas por varias capas de ceniza volcánica y no serían excavadas hasta el siglo XVIII, así como otras zonas circundantes.

Si bien el total de víctimas mortales sigue siendo desconocido, de las aproximadamente 20.000 personas que habitaban en estas ciudades, se han hallado en Pompeya y Herculano restos de 1.500, y aún en la actualidad siguen apareciendo nuevos cuerpos.

Aquel lejano 24 de Octubre, una columna de humo comenzó a ascender desde el interior del volcán. La población de los alrededores pensó que se trataba de un escape más de humo, pues ya había pasado en años anteriores. Pero esta vez la erupción se manifestó de dos maneras diferentes.

En Herculano, una especie de fango, mezcla de cenizas, lava y lluvia, inundó las calzadas y callejuelas de la ciudad, cubrió los tejados, y penetró por ventanas y rendijas. La gente salió horrorizada de sus casas y muy pocos pudieron huir de aquella ciudad italiana.

En Pompeya por su parte, el fenómeno se inició como una finísima lluvia de cenizas que nadie sentía. Luego cayeron los lapilli, pequeñas piedras volcánicas que se parecen a las normales, piedras pómez de varios kilogramos de peso. La ciudad quedó envuelta en vapores de azufre que entraron en las casas y las villas, y se filtraron en las togas que la población se ponía en nariz y boca para protegerse.

Los pompeyanos comenzaron a pasar angustiosos minutos, replegados en los rincones que podían encontrar. Y cuando en el último momento algunos trataron de huir, muchos murieron lapidados por las piedras pómez. Aterrorizada, la población retrocedió y se encerró en sus casas. Pero era demasiado tarde. En algunos casos, los techos se derrumbaron, dejando sepultados a los inquilinos.

Dos días más tarde todo había acabado. Del Vesubio solamente salía una débil columna de humo, y el volcán se encontraba rodeado por un enorme pedrisco. En una distancia de 18 kilómetros, el paisaje quedó asolado: los jardines no eran más que un terregal, los campos estaban llenos de ramas ennegrecidas y las ciudades habían desaparecido. Las partículas de cenizas se extendieron por África, Siria, y Egipto.

Se calcula que murieron aproximadamente 5.000 personas durante la erupción del monte Vesubio.

. . .

Esta historia continúa impresionando aún tanto a expertos como a curiosos.

Las reconstrucciones de la erupción y sus efectos varían considerablemente en los detalles, pero tienen las mismas características generales. La erupción duró al menos dos días. La mañana del primer día, el 24 de octubre, fue percibido como un día normal por el único testigo presencial que dejó un documento sobreviviente, Plinio el Joven, que en ese momento se encontraba en Miseno, al otro lado del golfo de Nápoles, a unos 30 kilómetros del volcán, lo que pudo haber evitado que advirtiera los primeros signos de la erupción.

No tuvo oportunidad, durante los siguientes dos días, de hablar con personas que hubieran presenciado la erupción en Pompeya o Herculano y, de hecho, ni siquiera menciona a Pompeya en su relato, por lo que no habría notado las primeras fisuras pequeñas y liberaciones de ceniza y humo del volcán, de haber ocurrido esto temprano por la mañana.

Cerca de la 1 de la tarde, el Vesubio entró violentamente en erupción, lanzando una columna a gran altura, de la que comenzó a caer ceniza y piedra pómez, cubriendo el área; fue en este momento en que se llevaron a cabo rescates y escapes del lugar.

En algún momento de la noche, o temprano al día siguiente, el 25 de octubre, comenzaron los flujos piroclásticos en las cercanías del volcán. Luces vistas en la montaña fueron interpretadas como incendios. Personas que se encontraban tan lejos como en Miseno, huyeron para salvarse. Los flujos tenían un movimiento rápido, denso, y muy caliente, derribando parcial o totalmente las estructuras en su camino, incinerando o sofocando a toda la gente que permanecía en el lugar, y alterando el paisaje, incluyendo la costa. Todo esto estuvo acompañado por ligeros temblores adicionales y un pequeño maremoto en el golfo de Nápoles. Al anochecer del segundo día, la erupción finalizó, dejando bruma en la atmósfera a través de la cual el sol brillaba débilmente.

Plinio el Joven escribió un relato de la erupción: Amplias capas de fuego iluminaban muchas partes del Vesubio; su luz y su brillo eran más vívidos por la oscuridad de la noche... era de día en cualquier parte del mundo, pero allí la oscuridad era más oscura y espesa que cualquier otra noche.

*¿Qué dice la ciencia?*

. . .

De acuerdo con un estudio de las capas de ceniza publicado en 1982, y que ahora es una referencia estándar, la erupción del Vesubio del año 79 se desarrolló en dos fases: una erupción pliniana que duró entre dieciocho y veinte horas, y produjo una caída de piedra pómez y ceniza hacia el sur del volcán que se acumuló hasta en una capa de 2,8 metros en Pompeya, seguida por un flujo piroclástico en una segunda fase peleana que llegó tan lejos como Miseno, pero se concentró hacia el oeste y noroeste.

Dos flujos piroclásticos envolvieron Pompeya, quemando y asfixiando a los rezagados que se habían quedado en la ciudad. Oplontis y Herculano recibieron el peso de las marejadas y fueron enterradas también por una fina capa de ceniza, piedra pómez, fragmentos de lava, y depósitos piroclásticos.

## SAN FRANCISCO, 1906

Este terrible terremoto e incendio de San Francisco de 1906 fue un poderoso sismo que sacudió principalmente a la ciudad de San Francisco, Estados Unidos, la mañana del 18 de abril de 1906. El terremoto fue de una magnitud de 7,9 grados y su epicentro estuvo, según los expertos del Servicio Geológico de los Estados Unidos, sobre la costa de Daly City y al suroeste de San Francisco.

. . .

Los temblores principales empezaron a las 05:12 de la mañana a lo largo de la falla de San Andrés. Se dejó sentir sobre la costa del Pacífico desde Oregón hasta Los Ángeles y hacia el interior se sintió hasta Nevada. Después de eso se produjo un incendio que junto al sismo se considera la catástrofe más importante de los Estados Unidos.

En un principio se dio la cifra de 478 fallecidos, pero en la actualidad se sabe que el desastre fue más catastrófico, y que las autoridades de la época lo subestimaron, sobre todo en las zonas de habitantes chinos. Las cifras aproximadas arrojan al menos 10.000 muertos, la mayor parte de los cuales fueron dentro de la ciudad de San Francisco, pero hubo 189 fallecidos en otras zonas de la Bahía de San Francisco. Algunos de los principales lugares que también estuvieron muy afectados por el sismo fueron Santa Rosa, San José y en el área de Redwood City y Universidad de Stanford.

Se calcula que entre 225.000 y 300.000 personas perdieron sus casas de un total de 400 000 habitantes. La mitad se refugió al otro lado de la Bahía de Oakland. Los periódicos de la época informaron de cómo el Parque de Golden Gate, el barrio de Panhandle y las playas de entre Ingleside y North Beach estuvieron recubiertas por tiendas improvisadas. Hubo más muertos y daños por el gran incendio que se desató después, que por el sismo en sí, muy similar al gran terremoto de Kanto que destruyó Tokio y Yokohama, Japón el 1 de septiembre de 1923.

Después del terremoto, un ingeniero alemán exploró la falla de San Andrés, que corta a través de la montaña de la cordillera de la costa. En 1908, testificó ante una corte de Distrito Norteamericana de San Francisco acerca de lo que vio.

Y esto fue lo que dijo: la característica más notable fue que las montañas del este se acercaron cuatro pies y medio a las montañas del oeste, si San Francisco hubiera estado en o cerca de la falla no habría quedado nada de ella.

Después del terremoto y de los fuegos, más de quinientas manzanas de la ciudad de San Francisco estaban en ruinas. Más de la mitad de la población de la ciudad quedó sin hogar. La gente vivía en tiendas de campaña y otros albergues, y cocinaban al aire libre. Con todo, a pesar de la devastación, no llevó mucho tiempo que la gente comenzara a recoger los escombros.

## TSUNAMI EN EL ÍNDICO, 2004

. . .

El 26 de diciembre de 2004 un terremoto de 9,1 en la escala de magnitud de momento en el océano Índico provocó el mayor tsunami del siglo XXI, además de por el número de víctimas que dejó a su paso, el más devastador al que la humanidad se haya enfrentado jamás.

Hace poco más de 3 lustros que se produjera el último gran tsunami que haya tenido lugar en nuestro planeta.

En el año 2004 un terremoto de 9,1 en la escala de magnitud de momento en el océano Índico provocó una serie de devastadoras olas gigantes que afectaron a la mayoría de las costas de los países que bordean dicho océano, dando lugar a una de los mayores desastres naturales acontecidos durante el siglo XXI. Así es como sucedió.

El terremoto de Sumatra-Andamán

El terremoto de Sumatra-Andamán, también conocido por la comunidad científica como el terremoto del Boxing Day, se produjo a 160 kilómetros de la costa norte de la isla de Sumatra y a unos 30 kilómetros por debajo del nivel del mar. Ocurrió a las 07:58 del 26 de diciembre de 2004.

· · ·

Inicialmente fue clasificado con un 8,8 en la escala de magnitud de momento, sin embargo, tras una revisión de los datos, el Servicio Geológico de los Estados Unidos estimó la magnitud en 9,1, situándolo como el tercer mayor terremoto jamás registrado, solo por detrás de los terremotos de Valdivia, en Chile, de 1960, de magnitud 9,5, y el terremoto del Viernes Santo (1964), en Alaska, que alcanzó una magnitud de 9,2. También en términos de extensión geográfica y geológica el terremoto del océano Índico de 2004 fue excepcionalmente grande.

Se estima que 1.600 kilómetros de superficie de falla se deslizaron en dos fases unos 15 metros a lo largo de la zona de subducción entre las placas de tectónicas de la India y de Birmania, liberando una energía equivalente a 1.500 veces la de la bomba atómica de Hiroshima. A este terremoto le siguieron durante varias horas y días numerosas réplicas, algunas de una magnitud de hasta 6,1.

El tsunami, fiel a la naturaleza de los mismos, se comportó de manera diferente en aguas profundas y poco profundas. En las aguas abiertas del océano las olas viajaron a una velocidad de entre 500 y 1000 kilómetros por hora, alcanzando una altura máxima, según datos satelitales, de 60 centímetros. En aguas poco profundas, cercanas a la costa, los científicos calculan que las olas alcanzaron los 24 metros de altura, llegando a los 30 en algunas zonas en las que se adentraron en tierra. La energía total liberada por las olas del tsunami fue equivalente a unos 5 megatones, más del doble de la liberada por las bombas de Hiroshima y Nagasaki juntas.

Debido a la orientación de la falla afectada por el terremoto, norte-sur, la mayor fuerza de las olas del tsunami no se dirigió hacia Sumatra, si no en dirección oeste, hacia Bangladesh, algo que evitó consecuencias mucho mayores en la isla indonesia.

Debido a las distancias involucradas, el tsunami tardó entre quince minutos y siete horas en llegar a la costa de los diferentes países afectados, lo que puede apreciarse en la cronología reflejada al comienzo de estas líneas.

Pero más allá del impacto directo de las olas, los efectos del tsunami se dejaron sentir en zonas tan alejadas como Struisbaai, en Sudáfrica, que a unos 8.500 kilómetros del epicentro registró una marea que ascendió 1,5 metros de altura unas 16 horas después del terremoto.

El tsunami también llegó a la Antártida, donde los investigadores de la base científica japonesa de Showa registraron oscilaciones de hasta un metro durante un par de días. También parte de la energía del tsunami escapó al océano Pacífico, donde los científicos creen que enfocada y dirigida a largas distancias por las dorsales oceánicas, pudo ser detectada hasta en Vancouver, en Canadá.

. . .

*Principales países afectados y víctimas mortales*

Cuantificado en vidas perdidas, el terremoto de Sumatra-Andamán se sitúa como uno de los 10 peores terremotos de la historia y el tsunami que provocó como el más mortífero de todos los tiempos. Según el Servicio Geológico de Estados Unidos, en la catástrofe murieron un total de 227.898 personas. Entre los países que sufrieron las peores consecuencias de la catástrofe se encuentran:

Indonesia: Fue el país más afectado por el tsunami, donde los testigos describieron las olas como gigantes negros, montañas o muros de agua.

Las autoridades del país elevaron en un primer momento el número de víctimas a 220.000, número que fue posteriormente rebajado hasta las 170.000.

Islas Adaman y Nicobar: Debido a la proximidad con el terremoto, el tsunami apenas tardó 10 minutos en alcanzar estos archipiélagos, en los cuales las islas de Andamán se vieron levemente afectadas, pero las islas Nicobar sufrieron graves consecuencias. Según los testigos 3 grandes olas, de las cuales algunas alcanzaron los 10 metros, azotaron las islas, siendo la tercera la más destructiva.

. . .

Sri Lanka: El tsunami llegó a Sri Lanka dos horas después de que se produjera el terremoto, golpeando primero la costa este y después refractándose hacia el sur. El tsunami llegó a la isla como una pequeña inundación de color marrón anaranjado. Momentos después, el fondo del océano quedó expuesto hasta 1 kilómetro en algunos puntos, lo cual fue seguido de una segunda y tercera ola que en algunos lugares superaron los 9 metros de altura. Los fallecidos en Sri Lanka superaron las 36.000 personas.

Tailandia: El tsunami también llegó Tailandia dos horas después, golpeando durante la marea alta y experimentando las segundas olas más grandes provocadas por el tsunami que en localidades como Ban Thung Dap alcanzaron los 19 metros de altura. En Tailandia el tsunami produjo aproximadamente 8.000 víctimas mortales.

India: Al igual que en Tailandia y Sri Lanka el tsunami llegó a las costas de La India dos horas después de que se produjera el terremoto, con olas que alcanzaron una altura de entre 2 y 5 metros, con diversas consecuencias según la zona y provocando más de 12.400 fallecidos.

Maldivas: Aunque grave, el impacto del tsunami fue menor que en Sri Lanka, ya que en las islas Maldivas los canales profundos que separan los numerosos arrecifes de coral y sus islas atenuaron los efectos del este. La ola más alta medida en Maldivas fue de 4 metros.

Myanmar: En Myanmar el tsunami causó solo daños moderados, que llegaron entre 2 y 5 horas y media después del terremoto. La mayoría de víctimas mortales en este país, que ascendieron oficialmente a 71, se achacaron a las malas infraestructuras del mismo.

Somalia: Tras recorrer 5.000 kilómetros por océano abierto el tsunami golpeo la costa de África aproximadamente 8 horas después de que se produjera el terremoto. Somalia, donde las olas alcanzaron los 9 metros en algunos puntos y donde se produjeron cerca de 300 víctimas, fue uno de los países africanos más afectados.

*Después del tsunami: impactos ambientales*

Más allá de las víctimas mortales del terremoto y del tsunami, los efectos negativos de la catástrofe se dejarán sentir transcurridos años después. Entre estas consecuencias se encuentran los numerosos daños medioambientales producidos por el desastre. De entre ellos cabe destacar el envenenamiento de los acuíferos de agua dulce debido a la infiltración del agua del mar y el depósito de una capa de sal en las tierras de cultivo inundadas por el tsunami, lo cual las hace inviables para la siembra. Todo ello acompañado de la muerte de los microorganismos del suelo necesarios para su recuperación.

También es importante destacar la propagación de desechos sólidos, líquidos y productos químicos industriales, así como la contaminación del agua debido a la destrucción del sistema de alcantarillado y las plantas de tratamiento de aguas residuales, los cuales amenazan tanto a la salud humana como a los distintos ecosistemas, algunos de los cuales, tan frágiles como los sistemas dunas o los bosques de manglares, tardarán décadas en recuperarse.

# 12

## Personajes que Destacaron

## CULTURA CHACHAPOYAS

El apodo dado a este pueblo proviene de la región en la que los Chachapoyas habían instalado su zona de dominación: a medio camino entre la selva y la montaña, el encuentro entre el aire caliente y húmedo, procedente del Amazonas, y el aire seco y frío, procedente de los Andes, provoca a esta altura bandas muy importantes de condensación nubosa.

Los Chachapoyas siguen siendo, hasta el día de hoy, un misterio que excita la mente de muchos exploradores y "huaqueros" (ladrones de tumbas). Basándonos en las tumbas circulares y las tumbas que cuelgan de los acantilados que se han descubierto hasta ahora, esta es una rápida imagen de lo que habría sido la gran civilización que construyó Kuélap (la construcción preincaica más importante del Perú, después de Machu Picchu):

Este pueblo guerrero era particularmente feroz. Parece que expusieron las cabezas de sus enemigos en estacas para mostrar su valor y desanimar a otras tribus a venir a molestarlos. Los propios Incas, durante su meteórica expansión territorial, se enfrentaron a grandes dificultades para someter al pueblo Chachapoyas. Además, durante la gestión administrativa incaica de sus tierras se organizaron ocasionales rebeliones, signo de un espíritu eternamente rebelde.

También fueron grandes constructores, que supieron adaptarse y hacerse uno con la naturaleza circundante para obtener el máximo beneficio de ella, tanto estética como prácticamente. Las ruinas circulares que nos dejaron están todavía en excelentes condiciones, dado el nivel de erosión del viento y la lluvia que está barriendo la zona. Kuélap es, por supuesto, el mayor y más bello ejemplo de ello: con su muro de recinto de 6 a 12 metros de altura, su fortaleza principal de 700 metros de largo, edificios de varios pisos, templos, viviendas aún intactas... Las técnicas de impermeabilización, en particular, estaban muy desarrolladas: los techos de paja aseguraban una impermeabilidad sin igual a las viviendas.

Su sentido artístico también estaba muy desarrollado: la ornamentación de las obras arquitectónicas es impresionante. Formas geométricas como rombos, líneas quebradas, frisos en las paredes o representaciones de animales sagrados como la serpiente, el puma o el cóndor.

Todavía tenemos mucho por descubrir para comprender mejor el modo de vida, la organización social y la cosmovisión de este gran pueblo; una cosa es cierta, el entorno natural, compuesto por grandes bandas de nubes, lloviendo sobre la vegetación semitropical, y los restos arqueológicos de este pueblo prehispánico excitarán la imaginación de los visitantes en busca de sueños durante mucho tiempo.

## ¿QUIENES ERAN LOS NEANDERTALES?

Durante muchos años, se creyó que los neandertales eran una especie de homínidos que poco o nada tenían que ver con el ser humano actual (Homo sapiens sapiens). Históricamente considerados como criaturas estúpidas y salvajes, los nuevos estudios y descubrimientos realizados en la última década han hecho caer la mayoría de mitos y creencias que se tenían sobre esta especie. Desde la manera de cazar hasta las expresiones artísticas que desarrollaron o que también enterraban a sus muertos, la visión que existía tradicionalmente sobre el hombre de Neandertal ha dado un giro radical.

. . .

Los neandertales habitaron Eurasia aproximadamente desde hace 400.000 años hasta su desaparición hace 40.000 años.

Se sabe ya que el ser humano actual que habita esta zona del planetaheredó entre un 1,5% y un 2,1% de material genético de los neandertales. En efecto, ambas especies convivieron durante miles de años compartiendo algo más que el hábitat que los rodeaba, y los últimos descubrimientos han demostrado que el Homo Neanderthalensis está mucho más próximo al Homo sapiens que lo que tradicionalmente se creyó durante muchos años. Estos son los hallazgos recientes que han acercado el comportamiento de los neandertales al del ser humano actual.

1.- No eran unos salvajes

La imagen de seres brutos y especialmente violentos ha perseguido al Homo Neanderthalensis desde hace muchos años. Esta creencia se ha basado tradicionalmente en la existencia de fracturas y agujeros hallados en muchos de los fósiles de neandertales encontrados hasta ahora. Sin embargo, estudios recientes han demostrado que este homínido no era más agresivo que el Homo sapiens.

. . .

Investigadores de la Universidad de Tubinga, Alemania, compararon las lesiones en los cráneos de neandertales y de Homo sapiens y vieron que estas eran muy similares. Utilizando una base de datos que reunía cientos de fósiles de ambas especies analizaron el trauma craneal de todas las poblaciones de estos homínidos del Paleolítico Superior en Eurasia Occidental. Los resultados demostraron que no había diferencias significativas en la prevalencia de lesiones en unos y otros.

Como explica una divulgadora científica, los neandertales siempre se nos presentaron como seres obtusos, salvajes, caníbales, de escasa inteligencia, y así se transmitía esa imagen en los medios de comunicación. En este sentido, apunta al cambio que se ha producido entre los científicos. Ahora, la comunidad científica en general apuesta por que probablemente tenían un lenguaje simbólico complejo y que su desaparición no tiene que ver con que eran los 'primos tontos' y que nosotros pudimos con ellos.

2.- Los primeros artistas

Otra de las concepciones clásicas que se ha tenido sobre los neandertales es su nula capacidad simbólica y artística, habilidad que se atribuía exclusivamente al Homo sapiens. La sorpresa llegó cuando una investigación llevada a cabo por científicos españoles y de otras nacionalidades echó por tierra dicha creencia. Los investigadores analizaron las pinturas rupestres encontradas en tres sitios diferentes de la geografía española: La Pasiega (Cantabria), Maltravieso (Extremadura) y Ardales (Andalucía).

El resultado del análisis determinó que las pinturas tenían 65.000 años de antigüedad. Esto implica que se realizaron más de 20.000 años antes de la llegada del Homo sapiens a la península Ibérica por lo que el estudio concluyó que la autoría del arte rupestre se debía al hombre de Neandertal.

Este fue uno de los descubrimientos que más revolucionó a la comunidad científica ya que, no solo se vio que los neandertales también fueron artistas como el ser humano actual, sino que lo fueron mucho antes que los humanos modernos con lo que puso sobre la mesa el debate de las capacidades cognitivas de unos y otros.

Esta nueva visión toma aún más fuerza gracias a los hallazgos producidos en Saint Cesaire y Arcy-sur-Cure en 2012 (Francia) que revelaron que los neandertales también decoraban sus cuerpos con adornos. Para un paleoantropólogo e investigador del CSIC, este es uno de los descubrimientos más importantes que han hecho cambiar la visión tradicional que se tenía de esta especie. Estos hallazgos produjeron un fuerte impacto en nuestra manera de entender a este grupo humano. Se comprobó que los neandertales tenían ciertas capacidades de pensamiento simbólico hasta entonces solo reservadas en exclusiva al Homo sapiens.

3.- Cazadores especializados

Uno de los descubrimientos más recientes que ha arrojado luz sobre el modo de vida de los neandertales se refiere a sus habilidades para la caza. Hasta hace poco, se creía que las técnicas que utilizaban para cazar se basaban únicamente en el contacto directo con sus presas con el riesgo que esto entrañaba.

Sin embargo, investigadores del Centro Arqueológico y Museo para la Evolución del Comportamiento Humano de Neuwied, en Alemania, desarrollaron una nueva teoría al analizar las heridas en unos huesos de dos ciervos de 120.000 años de antigüedad provocadas por el hombre de Neandertal (los seres humanos actuales llegaron a Europa hace alrededor de 40.000 años) que se encontraron en el este del país germano.

4.- Se enterraban

Una de las cuestiones más polémicas acerca de las habilidades del Homo Neanderthalensis es si enterraban intencionadamente o no a sus muertos. Los restos de un individuo de 50.000 años de antigüedad encontrado en 1908 en la cueva de la Chapelle-aux-Saints en Francia llevaron a sus descubridores a creer que fue enterrado mediante un ritual funerario basándose en la posición fetal del cuerpo y las herramientas que lo acompañaban. Sin embargo, esta teoría fue ampliamente refutada durante más de un siglo hasta que, en 2013, nuevos estudios del lugar apuntaron a un uso funerario.


5.- Cuidaban a los enfermos

En 1957 se descubrió en una cueva en el Kurdistán iraquí el cuerpo de un neandertal de 50.000 años de antigüedad que presentaba múltiples lesiones y también problemas de salud.


Desde un fuerte golpe en el lateral de la cabeza, la amputación del brazo derecho desde el codo, graves heridas en la pierna derecha así como un progresivo deterioro y pérdida de su capacidad auditiva.


Nuevos análisis de este individuo realizados en 2017 revelaron que de todas las lesiones sufridas, la pérdida de audición es la dolencia que lo hacía más vulnerable frente a los depredadores y los peligros propios del Pleistoceno. Este estudio concluyó que el enfermo, que vivió hasta una avanzada edad, necesitó de los cuidados y la ayuda de sus congéneres para sobrevivir.

· · ·

Los descubrimientos que se han realizado en la última década han ido cambiando progresivamente la visión que hasta entonces se había tenido del Neandertal como una especie claramente inferior en todos los aspectos al Homo sapiens. Hasta el punto de que ya se empieza a hablar de si es posible comparar las capacidades cognitivas de ambas especies.

13

# El Brexit

La salida del Reino Unido de la Unión Europea, conocida comúnmente como Brexit, fue un proceso político que supuso el abandono por parte del Reino Unido de su condición de Estado miembro de la Unión Europea. Tras un referéndum celebrado en el Reino Unido el 23 de junio de 2016 en el que el 51,9 por ciento de los votantes apoyó abandonar la Unión Europea, el Gobierno británico invocó en marzo de 2017 el artículo 50 del Tratado de la Unión Europea, iniciando un proceso de dos años que debía concluir con la salida del Reino Unido el 29 de marzo de 2019.

Ese plazo se prolongó debido a la complejidad y desacuerdos en las negociaciones y a disputas parlamentarias internas; en un primer término se previó hasta el 12 de abril de 2019 y volvió a ser prolongado hasta el 31 de octubre de 2019. Por tercera y última vez, el plazo volvió a ser ampliado hasta el 31 de enero de 2020.

Pasada esa fecha, tras haberse aprobado definitivamente el Acuerdo de Retirada a las 00:00 horas del sábado 1 de febrero de 2020, Reino Unido abandonó automáticamente la Unión Europea a las 23:00 horas (hora británica) del día anterior. En virtud de dicho acuerdo, hubo un periodo transitorio hasta el 31 de diciembre de 2020 en el que el Reino Unido se mantuvo en el mercado europeo y los ciudadanos y las empresas no notaron diferencias. El Reino Unido y la UE negociaron una nueva relación comercial durante dicho período transitorio, que firmaron la Nochevieja de 2020, y que entró en vigor al día siguiente.

La retirada de la Unión la defendieron principalmente por los euroescépticos de derecha (aunque también en menor medida por los de izquierda), mientras que los proeuropeos, que abarcan todo el espectro político, han abogado por la membresía continua y el mantenimiento de la unión aduanera y el mercado común.

Ya en 1975 se había celebrado un primer referéndum sobre la permanencia del país en la Comunidad Económica Europea, precursora de la UE, con resultado favorable a la permanencia. En los años setenta y ochenta, la salida de la Comunidad Europea fue abogada principalmente por la izquierda política, y el manifiesto electoral de 1983 del Partido Laborista abogaba por la retirada total.

En 1987, el Acta Única Europea, la primera revisión importante de los Tratados de Roma de 1957, estableció formalmente el mercado único europeo y la Cooperación Política Europea.

Desde la década de 1990, la oposición a una mayor integración europea vino principalmente de la derecha. Cuando en 1992 el Tratado de Maastricht, que creó la UE y el mercado único y garantizó las cuatro libertades básicas (la libre circulación de bienes, servicios, capitales y personas en toda la UE) fue presentado ante el Parlamento, hubo divisiones dentro del Partido Conservador, lo que llevó a una rebelión sobre el Tratado.

*Consecuencias del Brexit en el Reino Unido*

1. La libra se ha desplomado a mínimos históricos

Desde el punto de vista económico, es la consecuencia directa más importante y visible de la salida de la Unión

Europea. Sólo en la primera noche post-referéndum cayó un 18% frente al dólar, y se ha mantenido en niveles semejantes desde entonces, alcanzando su valle el 15 de agosto de 2016. Respecto al euro, no le va mucho mejor: antes del voto #Leave una libra se cambiaba a 1,35€; hoy, la diferencia se ha reducido a 1,10€. Buenas noticias para los europeos (es más barato viajar allí), pero muy, muy malas para los ciudadanos británicos.

2. Los dos grandes partidos están abiertos en canal

En cuanto a la política, el Brexit ha dado lugar a un escenario que, acertadamente, diversos analistas políticos británicos ya definen como un permanente "clusterfuck", nuestro equivalente a "sindiós". El Partido Conservador quedó descabezado tras el referéndum: desde entonces ha habido un cambio integral del gobierno, incluido el Primer Ministro. El Partido Laborista, por su parte, ha intentado sin éxito desbancar a Corbyn de su posición de liderazgo. Pese a que las élites no le apoyan, las bases sí.

En ambos, la reacción al Brexit ha sido diversa. Algunos sectores se muestran a favor, especialmente en el lado conservador, pero otros son más escépticos y observan con preocupación las consecuencias electorales que la salida pueda tener para ellos. En cualquier caso, llevan tres meses escenificando abiertas batallas campales.

. . .

3. Escocia quiere otro referéndum de independencia

Según el SNP, partido nacionalista escocés que apoyó la permanencia en Reino Unido y que logró que la abrumadora mayoría de los votantes escoceses optaran por quedarse en la Unión Europea, la salida del Brexit no es favorable a los intereses de Escocia. Es por ello que, tan sólo dos años después de la derrota en el referéndum por la independencia, se defiende de nuevo un referéndum por la independencia.

¿Las posibilidades de éxito? Inciertas, pero el escenario ha cambiado desde 2014, cuando la posible salida de la Unión Europea pudo haber jugado un papel fundamental a la hora de decantar el voto escocés por el "No".

4. Los ingleses se han quedado sin su Marmite

Producto inexistente en las estanterías de México o España, el Marmite es uno de los símbolos de la gastronomía británica, y utilizada a diario por millones de ciudadanos ingleses. ¿Qué ha sucedido, entonces, para que de repente la prensa haya entrado en pánico hablando de carestía de Marmite en Tesco? Que el distribuidor se niega a pagar el precio más caro que su fabricante, así como los fabricantes de otros productos como un suavizante o una mayonesa quiere imponer a consecuencia de la caída de la libra.

· · ·

Dicho de otro modo: nadie quiere verse penalizado por el desplome de la moneda británica, así que, ante el desacuerdo, el Marmite desaparece de las estanterías del supermercado. El problema de las importaciones de alimentos, a nivel general, es acuciante para Reino Unido, un país que depende notoriamente del exterior.

5. Los ataques racistas han aumentado en un 41%

En el terreno social, el Reino Unido es un país más dividido que nunca.

El escaso margen por el que se impuso el Brexit es una señal, pero también lo es el aumento de los ataques de odio y xenófobos que se han registrado en Reino Unido desde el inicio del proceso. En los días posteriores al referéndum, se registraron ataques contra centros de la comunidad polaca, inmigrantes indios y musulmanes en numerosas ciudades del país. De los 3.886 de 2015, en el mismo mes de 2016 se pasó a 5.468.

6. Varias empresas internacionales se plantean irse

El runrún es generalizado para múltiples multinacionales, pero se ha manifestado con especial virulencia en la figura de un inesperado país: Japón. Esta misma semana, su embajador advertía de los peligros de un Brexit "duro", esto es, sin acceso al mercado único de la Unión

Europea (y que es improbable dada la reticencia de numerosos gobiernos de la Unión). Para el embajador, esto sería un revés importante para las fábricas y empresas japonesas asentadas en Reino Unido, por lo que podrían optar por trasladarse a otro país.

Hay más empresas que han tanteado la posibilidad de dejar el Reino Unido en caso de Brexit duro. La situación es especialmente preocupante para Londres, cuyo sector financiero perdería un vínculo esencial con un mercado mucho más grande, el del continente europeo, y que ya se está planteando alternativas en caso una ruptura drástica.

7. Su déficit comercial ha aumentado

Aunque en general la situación económica, más allá de la libra, no ha empeorado de forma drástica (tampoco se han iniciado las negociaciones ni se ha activado el artículo 50), hay algunos indicadores que podrían ser preocupantes.

La situación del Marmite a cuenta de la libra se puede aplicar también al déficit comercial del Reino Unido, que ya era grande de por sí y que ha crecido durante los últimos meses a consecuencia de la debilidad de la moneda nacional. La inflación, además, ha aumentado desde el referéndum, entre otras consecuencias.

· · ·

Estas consecuencias del Brexit para Reino Unido, así como la incertidumbre con respecto a los expatriados, generará una mayor demanda de expedientes y permisos de extranjería y nacionalidad en el futuro próximo.

# 14

# ¿Es Real El Acontecimiento Del Primer Hombre En La Luna?

LA INCREDULIDAD y el escepticismo mal entendido ganan terreno día a día, pero la ciencia tiene la respuesta a todos esos argumentos que buscan respaldar la conspiración de que el hombre jamás estuvo en la Luna.

El 20 de julio de 1969 es probablemente la fecha más significativa en la historia de nuestra especie. Aquel día, el único ser terrestre capaz de entender y formular las leyes que rigen el universo, salió de la burbuja en la que la evolución le mantenía confinado para, atravesando el más letal de los entornos en los que jamás se ha adentrado, el espacio exterior, posarse en ese satélite que le ha intrigado desde que alzó por primera vez la vista al cielo: nuestra Luna.

. . .

Tal vez, resulte un exceso comparar tal hecho con el momento en el que el primer ser acuático, fuera cual fuere, salió del agua para embarcarse, aunque la metáfora sea una antítesis, en una nueva aventura hacia tierra firme. No obstante, la gesta de alcanzar la Luna y volver a la Tierra para contarlo, quizá haya abierto la puerta al ser humano para un día colonizar otros mundos y convertirse en algo que apenas podemos llegar a imaginar, del mismo modo que aquel organismo, quizá dotado de escamas y que debía desplazarse entre un reptar y un torpe caminar a cuatro patas, se convirtió en lo que somos hoy: el auto-denominado Homo sapiens.

Pero si es verdad que no sabemos en que clase de especie nos convertiremos, lo cierto es que al menos sabemos la especie en la que nos hemos convertido. Así, somos la especie que ha sido capaz de dividir el núcleo de un átomo para liberar la tremenda energía que se alberga en su interior; aquella que ha descifrado el ADN y que hoy entiende el lenguaje que codifica el modo en que se organiza la vida; la misma capaz de convertir la información en energía y enviarla a través de cables submarinos hasta un teléfono móvil situado en el otro extremo del mundo.

De hecho, uno de los temas más recurrentes y que levanta más pasiones entre los fanáticos de las teorías de la conspiración, es la llegada del hombre a la Luna.

· · ·

Amplia a la vez que imaginativa es la serie de argumentos que tratan de dar credibilidad a esta ocurrencia, por lo que en los próximos párrafos lo que hare será enseñarte la respuesta a varias preguntas que se han hecho respecto a este suceso.

- ¿Cómo despegó el cohete lunar con tan poco combustible?

Un error común es comparar la fuerza necesaria que necesita un cohete para despegar en la Tierra y en la Luna. Esa fuerza es proporcional a la gravedad del cuerpo desde el que se produce el despegue y a la masa que se pretende lanzar. Contando con que la gravedad en la Luna es 6 veces menor que en la Tierra, y que los pesos respectivos de todo el aparataje que despegó de nuestro planeta y del módulo lunar eran de 2.900 y 5 toneladas respectivamente, no hay que poseer un gran talento matemático para que te salgan las cuentas.

- ¿Por qué no se observa polvo suspendido en la Luna, si la gravedad es mucho menor que en la Tierra?

La ausencia de atmósfera en la Luna hace imposible la formación de corrientes de aire así como imposibilita el soporte de cualquier tipo de polvo o partícula.

- Los motores del módulo lunar no expelían llamas

Esto es debido a que el combustible utilizado fue la monometilhidrazina, un combustible que no necesita oxígeno – no hemos de olvidar que en el espacio no hay oxígeno- para realizar la combustión. De hecho un combustible que necesitase oxígeno para reaccionar no podría haberse utilizado en el espacio.

- La bandera ondea

Uno de los argumentos más usados por los conspiradores es el de que la bandera ondea y no debería hacerlo ya que en la Luna, como hemos dicho, no hay atmósfera y por tanto tampoco viento. Pero es que la bandera no ondea. La NASA consciente de que esta no iba a poder ondear en condiciones de vacío, colocó una escuadra en la parte alta de la bandera para que permaneciera erguida. Además, el material con el que fue fabricada estaba pensado para dar la impresión de que ondeaba.

- Las huellas de los astronautas

Según defienden quienes niegan la llegada del hombre a la Luna son demasiado perfectas para tratarse de una superficie extremadamente seca. Sin embargo la perfecta impresión de las huellas de los astronautas son debidas a la naturaleza físico-química de la capa de minerales que recubre toda la superficie de la Luna, llamada regolito.

Esta, al estar compuesta por materiales de distintos tamaños y debido a la débil atracción gravitatoria es muy susceptible de quedar impresa ante cualquier tipo de presión.

- Las sombras de algunas fotos deberían ser paralelas y divergen en 90º

La respuesta a esta hipótesis es bastante sencilla, las fotos a las que hacen referencia son ampliaciones o recortes de fotos panorámicas como la que estás viendo. Además, en este caso, se trata del mismo astronauta en dos momentos distintos.

- Los vídeos de los astronautas fueron grabados en Tierra y ralentizados a la mitad de velocidad para simular la falta de gravedad

Otro desvarío conspiranoico. Solo hay que reproducir dichos vídeos al doble de velocidad para comprobar que el movimiento no resulta natural.

- ¿Por qué no se ven estrellas en las fotografías?

Mientras que los conspiranoicos defienden que es debido a que las fotos son falsas y cualquier astrónomo podría haber identificado los patrones erróneos de estrellas en el cielo, la razón es que el brillo de las estrellas es tan débil que no impresionaron en la película fotográfica.

De hecho en algunas fotografías de las misiones Apolo 14 y 16 sí que se puede apreciar Venus, mucho más brillante que las estrellas.

- La NASA solo ha distribuido 20 fotografías repetidamente

Esta afirmación se realiza con frecuencia. Desmentirla es tan fácil como acceder a cualquier portal web oficial de la NASA para comprobar, a la vez que para deleitarse con ellas, que existen cientos de instantáneas de las distintas misiones Apolo.

- El Rover era muy grande para ser transportado en el módulo lunar

Claro que si comparamos los tamaños del vehículo y el módulo lunar los volúmenes no encajan, pero esa fue la razón por la que el Rover iba plegado y adosado a la superficie del módulo, y después, como un telescopio, o una caña de pescar adquiría su forma funcional.

. . .

- ¿Por qué no explotaron los neumáticos del
  Rover?

¿Te ha explotado alguna vez una bolsa de patatas al subir a una montaña?

Si tú sabes que esto puede pasar debido a la presión, como no va la NASA a prever que las ruedas del vehículo que fue a la Luna debía llevar unos neumáticos especiales. Estos fueron fabricados en zinc y aluminio, y estaban recubiertos con varias capas de acero. Además contaban con un diseño muy especial. Si buscas la fotografía se puede observar algunos de los prototipos en fase de desarrollo.

- ¿Por qué el hombre ha ido solo una vez a la
  Luna?

Esta pregunta es tan atrevida como absurda. El hombre ha ido varias veces a la luna, y la ha pisado en otras 5 ocasiones.

- Estados Unidos falseó la llegada a la Luna
  porque estaba perdiendo la carrera espacial
  contra los soviéticos

Este argumento es especialmente curioso, porque en medio de toda la expectación que suscitó mundialmente la carrera espacial y el significado político que llegar a la Luna el primero supuso para la época, los soviéticos, los rivales directos de los americanos en la gesta, reconocieron que los primeros les habían ganado la partida.

# El Triángulo De Las Bermudas

EL TRIÁNGULO de las Bermudas es uno de los lugares más misteriosos del planeta. Decenas de historias sobre desapariciones de barcos y aviones han llegado hasta nuestros oídos de diversas maneras, siempre rodeadas de misterios y desapariciones. Una de las últimas en enero de 2017, cuando la Guardia Costera de Florida anunció en un comunicado que un navío con destino Florida había desaparecido tras partir el día anterior desde Bahamas. Después de 84 horas de intensa investigación, se suspendió la búsqueda sin rastro de la embarcación y sus tripulantes.

Sin embargo, ¿sabemos realmente qué es el Triángulo de las Bermudas? ¿Qué hay de leyenda y qué hay de realidad? ¿Es cierto que en esa zona geográfica del planeta desaparecen barcos, aviones y personas sin dejar rastro? Hacemos un recorrido a lo largo de los grandes sucesos de su historia para averiguar qué hay de cierto alrededor de su misteriosa fama.

*¿Qué es el Triángulo de las Bermudas?*

El Triángulo de las Bermudas está formado por 1,1 millón y medio de kilómetros cuadrados en alta mar dentro de un triángulo equilátero (de ahí su nombre) que forman las puntas de las islas Bermudas, Puerto Rico y Miami en Florida, Estados Unidos.

Este triángulo imaginario encierra un secreto dentro de ella: cientos de barcos han desaparecido desde que se tiene noticia de este lugar, casi 100 aviones, que se sepa, y miles de personas. ¿Están todos ellos en el fondo del mar? ¿Han ido a otra dimensión? ¿Están hundidos con la ciudad perdida de la Atlántida? Probablemente no, pero al ser humano siempre le ha gustado añadir un poco de leyenda a fenómenos que no ha podido demostrar.

Una fecha que marca el inicio de este misterio: el año 1945. Una cuadrilla de 5 aviones de la marina de Estados Unidos que sobrevolaban la zona desaparecieron. Incluso desapareció un sexto aparato, un avión de emergencia Martin Mariner que acudió al rescate de los cinco primeros. En total, desaparecieron 27 personas sin dejar rastro. En la última comunicación que se tuvo con ellos, uno de sus miembros aseguró que estaban completamente perdidos y no sabían qué rumbo tomar. Después, nada.

La primera noticia escrita sobre este misterio data del año 1950, escrita de la pluma del periodista sensacionalista Edmond Wright, que escribió en un diario de Miami acerca de la extraña desaparición de un gran número de barcos en las costas de las Bahamas. Dos años después se sumó a este misterio el escritor Gregory X. Rivers, que aseguró que en la zona había unas misteriosas desapariciones marinas y más adelante, en el año 1964, una revista de artículos de ficción publicó un completo artículo titulado El mortal Triángulo de las Bermudas en el que hablaba de extrañas desapariciones, fenómenos paranormales y misterios que hacían que quien navegaba esas aguas automáticamente desapareciera.

Pero ¿por qué ese lugar? Porque era, y es, un lugar de paso muy frecuentado por barcos y aviones que viajan desde el continente americano a Europa. Sus fuertes vientos y las corrientes del Golfo hacen que tanto la navegación como los vuelos que cruzan la zona sean más rápidos. Es una especie de atajo o ruta rápida para viajar hacia Europa. Y como ya sabemos, cuanto mayor es el número de embarcaciones o aviones que pasan por allí, mayores son las probabilidades de que suceda algo fuera de lo corriente.

· · ·

*Leyendas del Triángulo de las Bermudas*

Existen diversas teorías, todas sin demostrar, que pretenden explicar el fenómeno que ocurre en esta zona. Estas son algunas de las más sorprendentes:

- Un agujero negro

Si bien es cierto que los agujeros negros existen y hay toda una teoría desarrollada por numerosos científicos, entre ellos el famoso escritor de novelas de terror, es improbable que en esa zona haya uno. ¿Por qué? Porque un agujero negro es una región finita del espacio en el que la masa concentrada es tan potente que nada se escapa a su fuerza de atracción. Es decir, si existiera un agujero negro en las aguas, o en el cielo, todo lo que pasara por allí desaparecería sin excepción.

- La superficie del continente perdido, la
  Atlántida

Sabemos de esta ciudad-continente mítica gracias a los diálogos de Platón Timeo y Critias, donde los atlantes perdían la soberanía de la Tierra de la mano de los atenienses, sin duda superiores a ellos.

Esta teoría la siguió un psíquico inglés asegurando que los atlantes tenían una tecnología muy desarrollada consistente en "cristales de fuego" que, literalmente, lanzaban rayos y obtenían energía. El experimento salió tan mal que su maravillosa isla terminó hundida y el poder de estos cristales, que seguiría activo hoy en día, interfiere con los aparatos tecnológicos de barcos y aviones.

- Monstruos marinos que viven en el Triángulo de las Bermudas

El Kraken es un monstruo marino de proporciones gigantescas que devora todo lo que se pone frente a él. Este y otros como él habitarían las aguas del Triángulo de las Bermudas comiéndose, literalmente, todo lo que se pone ante sus fauces. Este mito pudo venir del avistamiento por parte de marineros y piratas de calamares gigantes de 14 y 15 metros de longitud que habitan las aguas profundas de alta mar. El resto, leyenda.

- OVNIS

Otra teoría improbable, la zona es una estación extraterrestre en la que los OVNIS se apropian de personas para llevárselas a sus planetas para estudiarlos. Las teorías más alarmistas aseguran que los extraterrestres nos estudian con el fin de saber cuál es nuestra tecnología y nuestras habilidades para después usarlas en nuestra contra e invadirnos. Las más amables dicen que los extraterrestres se apropian de personas en esta zona estacional con el fin de salvar a la humanidad del gran Holocausto final. Para gustos, colores.

*¿Y cuál es la realidad del Triángulo de las Bermudas? La ciencia habla*

Al igual que las leyendas, las posibles teorías científicas también son muchas.

Normalmente tendemos a dotar de un significado sobrenatural aquello que no podemos explicar, pero la realidad también puede acabar con una buena historia de ficción. Estas son algunas de las teorías más probables.

- Errores humanos

Por desgracia los errores humanos ocurren. Muchos de los accidentes que han tenido lugar en estas zonas tienen que ver con errores de cálculo, con fallos tecnológicos propios de grandes aparatos o con malas decisiones. Es algo que nunca se podrá demostrar, simplemente, porque ocurren en zonas que al ser tan extensas y alejadas de las costas, recuperar restos se hace prácticamente imposible.

- Meteorología

Otra de las posibles teorías pasa por la climatología. Tifones, huracanes y grandes tormentas que provocan olas de cientos de metros pueden ser, fácilmente, las causantes de los accidentes de grandes embarcaciones en el mar y aeronaves en el cielo.

- Variaciones magnéticas y niebla electrónica

Hay una teoría, quizá mitad ciencia mitad ficción, que habla de una niebla electrónica. Este concepto lo acuñaron Nick Paulson y Ricky Gilbert en un libro que escribieron. Ambos, supervivientes de un accidentado viaje por la zona, aseguraron que un vórtice electrónico en medio de una niebla espesa chocó contra las alas de su avión. Debido a esta niebla electrónica todos los aparatos tecnológicos del aparato, de la década de 1970, se estropearon dejando a la pareja sin rumbo y sin visión.

Según su propio relato, 75 minutos después aparecieron en una zona de Miami en la que era imposible estar en tan poco tiempo. ¿Realidad, ficción? Puede que ambas, ya que el Triángulo de las Bermudas es uno de los dos lugares de la Tierra en los que las brújulas señalan el norte verdadero y no el norte magnético, de ahí que se diga que en el Triángulo de las Bermudas las brújulas se estropean.

· · ·

Se tienen datos de que al propio navegante quien descubrió América, le sucedió esto en su viaje hacia el nuevo continente. A su paso por la zona, el 8 de octubre de 1492, las brújulas "se estropearon" y dejaron de marcar el rumbo. El viajante no dijo nada a su tripulación y probablemente eso evitó que le tiraran por la borda en un punto en el que ya estaban desesperados por alcanzar tierra firme.

- Agujeros azules

El subsuelo marítimo de Las Bahamas tiene agujeros azules. ¿Y qué son los agujeros azules?

Pues grutas de miles de años que existen en la zona y que crean corrientes muy fuertes que son capaces de lanzar a la deriva barcos de gran tonelaje. Son cuevas verticales profundísimas. Se tiene constancia de que la más profunda del mundo, situada en esta zona, se llama agujero azul de Sansha Yongle y tiene 300 metros de profundidad. Pero estos agujeros no sólo existen aquí. También los hay en la península de Yucatán y en el arrecife Lighthouse de Belice, en Centroamérica.

- Explosiones de metano

Un reciente descubrimiento, de este mismo año, en las aguas de Noruega, puede aportar una nueva teoría respecto al Triángulo de las Bermudas. En esta zona, en unos cráteres muy profundos, similares a los agujeros azules, habría grandes concentraciones de gas metano. En la zona de las Bahamas, el calor de las aguas tropicales y el de los propios barcos haría que este metano explotase formando no sólo virulentas corrientes marinas sino destrozando buques y barcos como si fueran de papel.

Las teorías son muchas, desde las más extravagantes a las más científicas pero ninguna la que soluciona este enigma, o quizá un cúmulo de todas. Aún así, finalmente, la realidad se impone: no hay nada en esta zona de nuestro planeta que sea de especial relevancia comparándola con otras zonas.

Pero está claro que para el ser humano siempre ha sido más romántica la idea de algo sobrenatural porque... ¿Qué sería de la historia sin misterios?

# Las Mujeres En La Primera Guerra Mundial

LA PRIMERA GUERRA MUNDIAL FUE EL primer gran trauma global de la sociedad industrial occidental que nació en el siglo XIX. La Gran Guerra obligó a las grandes potencias europeas a un tremendo esfuerzo bélico y mandó a las trincheras a una parte importante de su población masculina, cuya aportación como fuerza laboral había sido hasta la fecha uno de los principales combustibles de la Revolución Industrial. Fue en ese momento cuando las mujeres dieron un paso adelante y tuvieron un mayor protagonismo en el mercado laboral.

Hasta ese momento la mujer había estado relegada a tareas domésticas o acompañar a su marido en los distintos actos sociales. Incluso durante el auge de la Revolución Industrial la mujer quedó relegada al cuidado de los hijos y sólo algunas, en la mayoría de los casos solteras, consiguieron entrar en el proceso productivo, pero siempre relegadas y con salarios inferiores al de los hombres.

La guerra supuso un cambio: por un lado, el reclutamiento de gran parte de la población masculina para acudir al frente, y, por otro, las necesidades industriales derivadas del conflicto bélico, atrajeron a las mujeres al campo laboral.

La Primera Guerra Mundial crea nuevos papeles para la mujer asumiendo trabajos y responsabilidades en los que antes habían estado excluidas: así, por ejemplo, las féminas que trabajaban en el sector bancario creció de unas iniciales 9500 a casi 64 000.

Además, desde que en 1909 se proclamara el 8 de marzo el Día de la Mujer, el movimiento feminista de principios del siglo XX contaba con otro cimiento sobre el que apoyarse y para cuando estalló la Primera Guerra Mundial muchas mujeres lo tenían en mente como momento reivindicativo clave. Según explica una historiadora, quienes participaron en esta fecha conmemorativa durante la guerra proclamaron sus derechos como mujeres y madres o como amas de casa en los ámbitos público y privado para interceder en temas en los que los líderes políticos habituales parecían incompetentes.

. . .

En marzo de 1917, las conmemoraciones del Día Internacional de la Mujer desembocaron en una revolución.

Cuando decenas de miles de mujeres confluyeron en Petrogrado (actual San Petersburgo) para conmemorar el día (y para demandar el fin de la Primera Guerra Mundial y protestar por la falta de alimentos), las manifestaciones se convirtieron en una huelga masiva. En cuestión de horas, 100.000 obreros y obreras abandonaron sus puestos de trabajo para unirse a las protestas.

En cuestión de días, el movimiento alcanzó 150.000 trabajadores en huelga. Finalmente, hasta el ejército ruso se unió a los protestantes, retirando su apoyo al zar Nicolás. Fue el comienzo de la Revolución rusa.

La incorporación de la mujer al mercado laboral alcanza unas cifras nunca vistas hasta el momento. Además, asumen trabajos tan dispares como como deshollinadoras, conductoras de camiones u obreras en la industria armamentística. Así, entre Francia y Gran Bretaña más de un millón y medio de mujeres trabajaron en fábricas de armamento; mientras en Alemania el 38% de una fábrica bélica estaba compuesta por mujeres en 1918.

. . .

Uno de los hándicaps que se encontraron las mujeres fue lógicamente la resistencia de los hombres que permanecían en las fábricas. Éstos no aceptaban de buen grado que las mujeres pudieran desempeñar con la misma efectividad algunos de sus puestos laborales.

Otra preocupación que tenían es si la disminución del salario con las mujeres podía finalmente perjudicarles. Son, sin embargo, las mujeres las primeras que se movilizan pidiendo una igualación salarial por ley para evitar esta discriminación.

El gobierno francés fue de los primeros que abordó el tema: así en 1915 establece un salario mínimo para las mujeres que trabajaban en la industria textil cosiendo una ingente cantidad de uniformes militares. Posteriormente en 1917 decreta que hombres y mujeres ganen lo mismo por pieza trabajada. Aun así, pese a la intervención gubernamental, al final de la guerra la desigualdad sigue existiendo.

El final de la guerra pudo parecer un final a este proceso: la sensación de temporalidad de las mujeres en el puesto de trabajo persistía, el regreso de los hombres del frente supuso su reincorporación al mercado laboral y el desplazamiento de las mujeres, la diferencia salarial se incrementa, etc.

. . .

Todo ello se vio beneficiado por la escasez de derechos políticos "reales" de las mujeres: la inexistencia del sufragio universal en las democracias más avanzadas, pese a las reivindicaciones de movimientos feministas o ciertas tendencias políticas, llevaron a pensar que esta discriminación volvería al pasado.

Sin embargo, el final de la Primera Guerra Mundial supuso un cambio definitivo: las pérdidas humanas o el regreso de soldados cuya capacidad de trabajo era ya nula permitieron que esta puerta ya no se cerrara. Las mujeres asumieron puestos que muchos hombres no querían, demostrando su capacidad laboral. Además, la lucha por sus derechos sigue creciendo, convirtiéndose en una realidad que la clase política no puede evitar. Poco a poco las principales democracias instauran el sufragio universal, algo que supone un avance fundamental.

Lógicamente esto sólo fue el principio. Un camino que ha seguido (y continúa) en décadas posteriores.

*Datos más importantes de la huella que han dejado mujeres a lo largo de la historia:*

- 400 a.C, Agnodice

Reconocida como una de las primeras ginecólogas, se dice que Agnodice practicó con valentía la medicina en Grecia cuando las mujeres se enfrentaban a la pena de muerte por hacerlo. Cuando finalmente fue descubierta, fue reivindicada y se le permitió continuar cuando las y los pacientes acudieron en su defensa.

**Actualidad:** Pese a los extraordinarios avances en la medicina a lo largo de la historia, más de 800 mujeres mueren todavía por día por causas prevenibles relacionadas con el embarazo y el parto, el 99 por ciento de ellas en los países en desarrollo.

* Sor de la Cruz

Criticada por estudiar textos seculares, la célebre escritora y monja Sor de la Cruz de México defendió de manera memorable el derecho de las mujeres a la educación en 1691 proclamando "bien se puede filosofar y aderezar la cena". Sor de la Cruz es un ícono nacional que todavía aparece en la moneda mexicana.

**Actualidad:** Incluso con los avances sustanciales en la paridad de género alcanzada en todos los niveles de la educación, las disparidades persisten en algunas regiones en desarrollo. Por ejemplo, por cada 100 niños, sólo 70 niñas cursan estudios terciarios en el África Subsahariana.

. . .

- Anna la rusa

Una adelantada para su época, la destacada activista por los derechos de las mujeres y filántropo rusa, Anna, sostenía que era mejor educar y formar a las personas pobres que ayudar con dinero en efectivo. En 1860, fue cofundadora de una sociedad que ofrecía apoyo a las personas pobres, no sólo en forma de vivienda asequible, sino además trabajo decente para las mujeres.

**Actualidad:** La pobreza, uno de los mayores desafíos de este tiempo, afecta de manera desproporcionada a las mujeres y las niñas, a su salud, empleo y seguridad. En la actualidad, 836 millones de personas todavía viven en la pobreza extrema.

- Kate

La sufragista más célebre de Nueva Zelandia, Kate, junto a sus compañeras de campaña, presentó una petición "descabellada" al Parlamento donde se exigía el sufragio para las mujeres con unas 32.000 firmas. Ésta fue una maniobra decisiva que llevó a Nueva Zelandia a convertirse en el primer país con gobierno autónomo en conceder a las mujeres el derecho nacional al voto en 1893.

. . .

**Actualidad:** La representación de las mujeres en la política todavía está rezagada. En 2015, únicamente el 22 por ciento de todos los escaños parlamentarios nacionales estaban ocupados por mujeres, lo que representa un ligero aumento desde el 11,3 por ciento observado en el año 1995.

- Raichō

Una pionera editora, escritora y activista política japonesa, Raichō, cofundó en 1911 Seitō, la primera revista literaria dirigida únicamente por mujeres, donde se interpelaba el rol tradicional de las mujeres en el hogar.

En la edición inaugural de la publicación, Raichō alentaba a las mujeres a "revelar el genio que todas tenemos oculto".

**Actualidad:** La representación de las mujeres en las noticias actualmente es extremadamente escasa. Sólo cerca de 1 de cada 4 personas sobre las que se lee o se escucha en las noticias son mujeres. Las mujeres únicamente ocupan el 27 por ciento de los puestos de alta dirección en organizaciones de medios de comunicación.

- Doria

Doria inició un movimiento por los derechos de las mujeres en Egipto cuando en 1951, junto a 1500 mujeres, irrumpió en el Parlamento exigiendo derechos políticos plenos, igualdad salarial y reformas a las leyes de estado civil. Estas iniciativas, junto con otros innumerables esfuerzos que le siguieron, ayudaron a allanar el camino hacia la obtención del derecho de las mujeres al voto en 1956.

**Actualidad:** Todavía la igualdad de género ante la ley no siempre se lleva a la práctica. Aunque más de 140 países garantizan la igualdad de género en sus constituciones, las mujeres enfrentan desigualdades directas e indirectas a través de leyes, políticas, estereotipos y prácticas sociales.

- Rosalind

En 1951, la química británica Rosalind allanó el camino para el descubrimiento de la estructura de doble hélice del ADN a través del uso revolucionario de la cristalografía de rayos X. Rosalind captó una evidencia fotográfica crucial a través de 100 horas de exposición a haces extremadamente finos de rayos X de una máquina que ella misma había perfeccionado.

. . .

**Actualidad:** Las mujeres conforman apenas un 30 por ciento de los investigadores en las ciencias naturales, las ingenierías y la tecnología, las ciencias médicas y de la salud, las ciencias agrarias, las ciencias sociales y las humanidades.

- Rigoberta

Rigoberta, la primera persona indígena en ganar un Premio Nobel de la Paz, hizo campaña por la justicia social, la reconciliación étnico-cultural y los derechos de los pueblos indígenas durante y después de la Guerra Civil de Guatemala ocurrida entre 1960 y 1996. En 2006, cofundó la Iniciativa de las Mujeres Premio Nobel para potenciar el trabajo de las mujeres por la paz, la justicia y la igualdad.

Las mujeres son vitales para una paz perdurable.

Los estudios muestran que hay un 35 por ciento más de probabilidades de alcanzar acuerdos de paz por 15 años cuando las mujeres participan en esos procesos. Sin embargo, las mujeres todavía están en gran medida ausentes en las negociaciones de paz.

- Billie

Una precursora norteamericana campeona de tenis y activista por el cambio social, Billie, amenazó insignemente con boicotear el Abierto de Tenis de los Estados Unidos en 1973 a menos que las mujeres recibieran un premio en dinero igual al de los hombres. Su demanda fue atendida y el Abierto de los Estados Unidos se convirtió en el primer gran torneo en su tipo en ofrecer igualdad en las retribuciones.

**Actualidad:** Aun con sus esfuerzos, la brecha salarial de género todavía persiste para las mujeres en todos los ámbitos de la vida. En todo el mundo, las mujeres ganan el 24 por ciento menos que los hombres.

- Unity

Como demandante, Unity ganó un caso histórico en 1992 que concedió a las mujeres casadas con ciudadanos extranjeros el derecho a conferir la nacionalidad a sus hijas e hijos.

Más tarde, como la primera jueza de la Corte Suprema de Botswana, cobró prestigio internacional con un caso que permitió a las personas del pueblo san en Botswana regresar a sus tierras ancestrales.

· · ·

**Actualidad:** En materia de nacionalidad, el progreso alcanzado es escaso. En más de 60 países, se niega a las mujeres el derecho a adquirir, cambiar o conservar su nacionalidad, incluido el derecho a conferir la nacionalidad a cónyuges que no han nacido en el país.


- Vandana


Ambientalista inquebrantable, Vandana creó la organización Navdanya en la India durante los primeros años de la década de 1990 para conservar las variedades únicas de semillas y formar a las y los agricultores en ecodiversidad. En Navdanya, además estableció un programa sobre biodiversidad, alimentos y agua que dota de poder a las mujeres al proteger los medios de subsistencia de las comunidades.


**Actualidad:** El desarrollo sostenible es un motor clave del empoderamiento económico de las mujeres. Sin embargo, todavía hoy menos del 20 por ciento de los propietarios de tierras son mujeres. Las diferencias de género en el acceso a la tierra y al crédito restringen las oportunidades económicas de las agricultoras.


- Loveness y Ruvimbo


Cuando llevaron al Gobierno ante la justicia por el delito de matrimonio infantil, las otrora niñas casadas

Loveness y Ruvimbo hicieron historia en 2016 cuando un tribunal constitucional de Zimbabwe falló a su favor dictaminando que ninguna persona en el país puede contraer matrimonio, ni siquiera en uniones consagradas por el derecho consuetudinario, antes de la edad de 18 años.

**Actualidad:** A escala mundial, más de 700 millones de mujeres que viven actualmente ya estaban casadas a la edad de 18 años. De ellas, 250 millones contrajeron matrimonio antes de los 15 años.

# Conclusión

Ahora sí, hemos llegado al final de este gran libro que espero te haya gustado y hayas aprendido bastantes cosas sobre infinidad de temas. Como te habrás dado cuenta hablamos de todo un poco, intenté incluir datos interesantes, divertidos, algunos con más historia, entre otros, pero todo con el fin de poderte ofrecer información que sé, vas a recordar y podríamos incluso decir que es de cultura general.

Claramente faltaron muchísimos datos más, pero sería casi imposible poderte hablar de todo lo interesante que ha pasado en el mundo a través de tantos años, pero los que puse aquí son los que considero más importantes e interesantes para ti.

También no olvides que la vida sigue avanzando y muy probablemente en unos 10 años actualice este libro contando cosas nuevas que hayan sucedido en ese tiempo, porque si de algo estamos seguros es que todo el tiempo la historia va cambiando y la gente sigue haciendo cosas que dejan huella y que se vuelven importantes para todos.

www.ingramcontent.com/pod-product-compliance
Lightning Source LLC
Chambersburg PA
CBHW051914010626
46018CB00010B/512